LES FOUS DE LA PAIX

DES MÊMES AUTEURS

Marek HALTER

Le Fou et les Rois (Albin Michel, 1976). Prix Aujourd'hui 1976.
Mais, avec Edgard Morin (Oswald-Néo, 1979).
La Vie incertaine de Marco Mahler (Albin Michel, 1979).
La Mémoire d'Abraham (Robert Laffont, 1983). Prix Livre Inter 1984.
Les Fils d'Abraham (Robert Laffont, 1989).
Un homme, un cri (Robert Laffont, 1991).
La Mémoire inquiète (Robert Laffont, 1993).

Eric LAURENT

Vodka Cola, en collaboration avec Charles Levinson (Stock, 1977).
La Puce et les Géants. Préface de Fernand Braudel (Fayard, 1984).
La Corde pour les pendre (Fayard, 1985).
Karl Marx Avenue (Orban, 1987).
Guerre du Golfe, le dossier secret, en collaboration avec Pierre Salinger (Orban, 1990).
Tempête du désert (Orban, 1991).
La Mémoire d'un Roi. Entretiens avec Hassan II (Plon, 1993).

Marek Halter/Eric Laurent

LES FOUS DE LA PAIX

Histoire secrète d'une négociation

PLON/LAFFONT

ISBN : 2-259-00341-9

1

Y A-T-IL UN CORAN À LA MAISON-BLANCHE ?

Le 13 septembre 1993, à 3 heures du matin, Bill Clinton quitta ses appartements du deuxième étage de la Maison-Blanche pour gagner la Study Room, une pièce claire, attenante au fameux bureau ovale et peuplée de pots en porcelaine chinoise emplis de plantes vertes. Une commode surmontée d'une imposante horloge, encadrée par deux chandeliers, occupait un des côtés. Le président américain, vêtu d'un polo bleu et d'un pantalon de toile beige, s'assit à une table ronde dressée au milieu de la pièce. La lampe qu'il venait d'allumer projetait un halo lumineux sur les murs.

Il lut lentement quelques feuillets dactylographiés, rédigés par Jeremy Rosner, un de ses assistants travaillant au Conseil national de sécurité. Il s'agissait de l'ébauche du discours qu'il devait prononcer dans moins de huit heures sur la pelouse de la Maison-Blanche, devant les caméras du monde entier, pour sceller un événement historique dont il ignorait tout une semaine plus tôt : la reconnaissance mutuelle entre Israël et l'OLP et la signature d'un accord de paix entre les deux adversaires irréductibles.

Réputé pour son manque de clairvoyance en politique étrangère, Bill Clinton avait décidé de consacrer tous ses soins à cette intervention.

Il réécrivit totalement la première partie en y insérant des références tirées d'une bible entièrement annotée qu'il avait posée sur la table, à portée de main. Puis il modifia la fin du discours, s'inspirant longuement du Livre de Josué et notamment de la chute des murailles de Jéricho.

A 6 heures du matin, tandis que le jour commençait de se lever sur Washington, il apporta la dernière touche au texte.

Hillary Clinton le lut en prenant son petit déjeuner et lui donna l'imprimatur.

A 8 h 30 le texte était prêt à être tiré à des milliers d'exemplaires, destinés à la presse mondiale et aux deux mille cinq cents invités à la cérémonie qui débuterait à 11 heures.

A 8 h 40, Antony Lake, chef du Conseil national de sécurité, téléphona au bureau ovale. Il expliqua, embarrassé, à Clinton que l'un de ses collaborateurs venait de remarquer que le discours présidentiel ne contenait aucune référence à l'islam :

– Le président Arafat et les personnalités arabes présentes seraient en droit d'être choqués, ajouta Lake. Vous citez à plusieurs reprises la Bible et pas une seule fois le Coran.

Clinton resta quelques instants silencieux :

– Apportez-moi un exemplaire du Coran.

Malgré toutes les recherches, il fut impossible de trouver dans les bureaux de la Maison-Blanche un exemplaire du livre saint. Un collaborateur finit par aller l'acheter dans une librairie voisine.

Un expert du Département d'État, spécialiste du monde arabe et des questions islamiques, fut chargé de sélectionner quelques extraits. Le texte une fois remanié et la catastrophe diplomatique évitée, Bill Clinton se prépara en toute quiétude à recevoir ses hôtes.

Yasser Arafat était arrivé la veille. Le Boeing 707 mis à sa disposition par le roi Hassan II du Maroc s'était posé le 12 juillet à 15 h 45 sur la base militaire d'Andrews, à proximité de la capitale fédérale.

L'accueil protocolaire avait été réduit au minimum. Pourtant, malgré l'absence de tapis rouge ou de troupes à passer en revue, le chef de l'OLP pouvait savourer sans mélange cette visite, la première sur le sol américain, à l'exception d'un bref séjour à New York en 1974 pour une intervention à la tribune de l'ONU. Jusqu'ici les Administrations, qu'elles soient démocrates ou républicaines, s'étaient relayées avec une remarquable constance pour lui interdire l'entrée du territoire américain. Quatre jours auparavant, cet homme considéré comme un « terroriste » par les responsables de Washington avait dû accomplir une démarche humiliante : déposer une demande de visa auprès de l'ambassade des États-Unis à Tunis. Deux officiers consulaires américains étaient venus, le lendemain, à son bureau, lui apporter un formulaire à remplir. Arafat s'était exécuté avec un sourire crispé, le souvenir de 1988 encore brûlant dans sa mémoire. George Schultz, le secrétaire d'État de Ronald Reagan, avait refusé à Arafat l'octroi d'un visa, alors qu'il souhaitait aller à l'ONU annoncer que l'OLP était prête à renoncer à la violence et à reconnaître le droit d'Israël à exister.

Au pied de la passerelle, Arafat, vêtu d'une vareuse et d'un pantalon kaki, son éternel keffieh sur la tête, est accueilli par Edward Djerejian, assistant du secrétaire d'État pour les Affaires du Moyen-Orient. Un officiel de rang moyen, mais le responsable palestinien n'en a cure. Cette visite à Washington, selon un de ses proches, « est son heure au soleil », la preuve éclatante administrée aux Palestiniens, et notamment à ses opposants du Hamas et du Front du refus, que les États-Unis et le monde le soutiennent.

Edward Djerejian lui serre chaleureusement la main :

– Monsieur le Président, au nom du gouvernement

des États-Unis, je vous souhaite la bienvenue en cette occasion historique qui, nous l'espérons, conduira à une paix totale au Moyen-Orient.

Arafat, enserré sur le tarmac par une petite foule d'ambassadeurs arabes, de responsables de l'OLP et de Palestiniens américains, répond :

– Je vous remercie et j'espère moi aussi que tout cela conduira à la paix

Puis il s'engouffre dans une longue limousine noire et le cortège gagne Washington à vive allure. Djerejian, qui confiait avec le plus grand sérieux, juste avant l'atterrissage : « Je redoute qu'Arafat cherche à m'embrasser comme il a l'habitude de le faire avec la plupart de ceux qu'il rencontre », murmure alors devant quelques journalistes :

– Bon sang, auriez-vous pensé qu'une chose pareille puisse arriver ?

Puis comme s'il se répondait à lui-même :

– Moi, je l'ai toujours espéré.

Une heure plus tard, Yasser Arafat pénètre par une porte dérobée dans le ANA Westin Hotel et, encadré de gardes du corps, gagne immédiatement sa suite au neuvième étage. Dans le hall, les invités d'un mariage juif sont surpris par l'imposant déploiement de police, tout comme les délégués d'un congrès de l'association pharmaceutique.

Deux heures après son arrivée, Yasser Arafat reçoit Jimmy Carter. L'ancien président, artisan des accords de Camp David, se montre chaleureux.

A peine assis, il déclare au chef de l'OLP :

– Je me réjouis que notre gouvernement se soit enfin décidé à parler directement avec vous. L'engagement américain aux côtés des Palestiniens arrive avec un long retard. Je prie pour vous.

Arafat, selon un témoin, « ronronne de plaisir ». Sa satisfaction décuplera quelques heures plus tard, en début de soirée, quand George Bush vient à son tour lui rendre visite. Bush et son Administration n'avaient pas eu de mots assez durs pour fustiger l'engagement d'Arafat aux côtés de Saddam Hussein lors de la guerre du Golfe. « Tout semblait oublié », selon Nabil Chaath, un des principaux conseillers d'Arafat qui assistait à la réunion. « Ils ressemblaient à deux vieux amis, échangeant des souvenirs et des plaisanteries. »

– Que faites-vous maintenant, monsieur le Président ? demande Arafat.

– Eh bien, répond Bush avec un large sourire, mon activité essentielle est le métier de grand-père, mais je suis aussi, parfois, chasseur et pêcheur.

Redevenu sérieux, il ajoute :

– J'ai quitté la politique, mais, s'il y a quelque chose que je puisse faire pour vous aider, je suis prêt.

Arafat se sent littéralement porté par l'Histoire. L'euphorie qui le gagne se nourrit de l'amertume qui l'a si longtemps habité. Jusqu'à aujourd'hui, il n'avait jamais rencontré un officiel américain et encore moins un secrétaire d'État ou un président.

Avant d'aller se coucher, il effectue une rapide apparition dans le hall de l'hôtel pour saluer la foule de ses sympathisants. Faisant le V de la victoire, il lance :

– La phase actuelle est juste intérimaire car le drapeau palestinien flottera sur Gaza et Jéricho puis, à la fin, sur les minarets de Jérusalem-Est où nous vivrons côte à côte avec les Israéliens.

Et d'ajouter :

– C'est la première fois que l'État palestinien apparaîtra sur une carte de géographie.

Le lendemain matin il reçoit des responsables de la Banque mondiale pour un petit déjeuner de travail. Il sait que dans trois heures, aux côtés de Bill Clinton et du Premier ministre israélien Itzhak Rabin, il sera à la

Maison-Blanche. Il s'exprime avec une autorité et une détermination qui frappent ses interlocuteurs. Ils se disent disposés à fournir une aide de trois milliards de dollars.

Tout en buvant du thé noir dans lequel il ajoute une cuillerée de miel, le président de l'OLP leur confie :

– Croyez-moi, je n'ai pas l'intention de finir ma vie en exil, comme ce fut le lot de nombreux chefs de mouvements de libération.

Ferme et charmeur, il alterne promesses et avertissements :

– Vous voulez connaître nos besoins en matière économique ? Sachez que nous recherchons un soutien financier important et sans faille. Sinon nos territoires risquent de s'enfoncer dans les mêmes problèmes et les mêmes cauchemars que les ex-Républiques soviétiques.

Il s'interrompt, le doigt levé :

– Mais, sachez une chose. Je n'ai pas l'intention de devenir un autre Gorbatchev !

Pour Itzhak Rabin, cette dernière journée a été vécue avec une lucidité douloureuse. Le dimanche 12, quelques heures avant de quitter Jérusalem pour Washington, où il ne compte séjourner que le temps de la cérémonie, il a reçu un petit groupe d'amis dans sa résidence. Vêtu d'une chemise bleue au col largement ouvert, il répète à tous :

– Je m'excuse de vous recevoir ainsi, mais ce sont mes ultimes minutes de repos.

Il parle comme toujours d'un ton égal et lent mais ses visiteurs remarquent son visage soucieux. Courtois, il regrette de ne pouvoir offrir un café.

– C'est shabbat et le personnel de cuisine est absent. Mais je peux vous offrir un soda.

Lui-même sirote un whisky avec de la glace.

Questionné sur son état d'esprit, il s'assied sur un

canapé blanc, dans le salon, et réfléchit longuement avant de répondre :

– Il n'existe que deux moyens d'affronter la réalité : une guerre prolongée avec son cortège de violence et de terreur, ou bien vivre en paix. Il n'y a pas de troisième voie. Durant les guerres que nous avons livrées, nous prenions des risques. Je crois que pour aboutir à la paix nous devrons prendre des risques calculés.

Yeux mi-clos, les genoux croisés et les mains posées à plat sur le canapé, il continue de monologuer comme s'il renouait les fils de souvenirs douloureux, longtemps enfouis :

– Nous avons eu de si lourdes pertes. Au cours de toutes ces guerres, près de 17 000 Israéliens sont morts. En 1948, je commandais une brigade en position aux abords de Jérusalem. En moins de deux mois, j'ai eu 200 tués et environ 600 blessés sur 1 800 hommes.

Un invité lui demande :

– Comment allez-vous apaiser l'angoisse de la population face à l'avenir ?

La réponse fuse avec une netteté surprenante :

– Je lui dirai que tout ce que nous avons vécu jusqu'ici était douloureux, mais que l'avenir se présente de façon différente ou du moins que nous devons saisir la chance qu'il soit différent. Vous savez, je suis un vieux gars. J'ai servi vingt-sept ans dans l'armée. Mon fils a été militaire et mon petit-fils est sous les drapeaux. J'aimerais tant qu'il n'ait jamais à combattre. Je me sens investi de cette responsabilité et je ferai tout pour que cela n'arrive pas.

Il s'interrompt, dérangé par la sonnerie du téléphone, placé à sa gauche. Rabin s'exprime avec son interlocuteur en anglais.

– Hello, Barbara, comment allez-vous ?

Après avoir raccroché, au bout de quelques minutes, il annonce à ses hôtes :

– C'était Barbara Walters (célèbre journaliste de la télévision américaine).

– Tu es sûr, réplique en riant un de ses amis, que ce n'était pas Barbara Streisand ?

Rabin paraît surpris et, plus sérieux que jamais, plisse le front dans un effort de mémoire :

– Barbara comment ?

La veille au soir, au cours d'un entretien, il avait confié :

– L'idée que je vais rencontrer Arafat ne m'inspire qu'un sentiment de rejet.

On lui demande s'il est toujours dans le même état d'esprit. Sans un mot, Rabin presse ses mains sur son estomac comme s'il était en proie à une douleur insoutenable.

Au moment de prendre congé, un des participants hasarde une dernière question :

– Que pensez-vous de cet accord que vous allez signer lundi ?

Rabin reste longuement pensif :

– Je ne considère pas que c'est ce qu'Israël pouvait obtenir de meilleur. Je n'entrerai pas dans les détails, mais cet accord contient de nombreuses formulations que je n'aime pas.

Dans l'avion qui l'emmène à Washington, Rabin ne se départira pas de cette gravité. A peine échange-t-il quelques brèves plaisanteries avec son vieil adversaire, le ministre des Affaires étrangères, Shimon Pérès, qu'il s'est toujours plu à dépeindre comme un « infatigable magouilleur ».

Un de ses collaborateurs, présent durant le vol, dira du Premier ministre israélien :

– J'avais l'impression qu'il était dans le même état d'esprit que David Ben Gourion confiant à ses proches, juste après avoir proclamé la création de l'État d'Israël : « Je n'éprouve aucune joie, seulement une profonde anxiété. »

L'Administration démocrate a conçu la cérémonie de Washington comme un gigantesque show. Retransmis dans plus de cent pays, il permettra à Bill Clinton de recueillir les fruits de vingt-cinq années de diplomatie américaine au Moyen-Orient.

Le comble pour un président des États-Unis si peu préoccupé de politique étrangère et qui confiait deux jours plus tôt à ses proches collaborateurs :

– Il faudrait maintenant que je développe une stratégie globale, mais, hélas, je n'ai pas encore eu le temps d'y penser. Nous devrons y réfléchir rapidement.

Dès 9 h 30 du matin, la foule des deux mille cinq cents invités commence à se presser devant les portes de la Maison-Blanche. Sur Lafayette Square, face à la demeure présidentielle, de petits groupes de juifs hassidiques crient : « Rabin est un traître ! » en brandissant des panneaux portant : « Hitler lui aussi réclamait de la terre contre la paix. »

Plusieurs dizaines de ministres des Affaires étrangères, près de cent ambassadeurs, tous les membres importants du Congrès, les représentants des communautés juive et arabe, des personnalités du spectacle, du monde des affaires, les anciens présidents Jimmy Carter et George Bush, cherchent leur place sur la pelouse ensoleillée de la Maison-Blanche. Mais en coulisses, d'ultimes tensions viennent tout remettre en cause.

Arafat envoie un émissaire à la Maison-Blanche pour négocier son arrivée. Il souhaiterait venir avec le revolver qu'il porte constamment à la ceinture et le retirer dès son entrée. Ce geste symbolique montrerait sa volonté de paix. Le haut fonctionnaire de la présidence oppose sur-le-champ une fin de non-recevoir :

– Désolé, les règlements en vigueur n'autorisent pas les armes à feu à l'intérieur de la Maison-Blanche.

Le chef de l'OLP se montre également froissé que Bill Clinton accorde une audience à Itzhak Rabin avant la cérémonie, et qu'il ne bénéficie pas de la même faveur.

La réponse qu'il essuie, là aussi, est un modèle de pointillisme juridique :

– Le président de l'OLP ne représente pas un État ni même un mouvement officiellement reconnu par les États-Unis.

Reçus dans le bureau ovale, Rabin et Pérès offrent un « curieux contraste », selon les termes d'un des collaborateurs de Bill Clinton ayant assisté à l'entretien :

– Pérès, comme à son habitude, était volubile, visionnaire, optimiste sur l'avenir du Moyen-Orient qu'il décrivait comme une région pacifiée par les échanges commerciaux et le développement économique. Nous n'avions jamais vraiment eu confiance en Pérès, politicien trop habile pour avoir des convictions. Surtout, nous le savions diplomatiquement et affectivement plus proche de l'Europe que des États-Unis. Rabin, lui, avait toujours considéré l'alliance avec Washington comme le centre de gravité de la politique étrangère israélienne. Face au Président, Rabin semblait soucieux, presque embarrassé. Il était mal à l'aise de nous avoir tenus à l'écart des négociations secrètes en Norvège, d'autant qu'il allait maintenant devoir nous demander une aide, notamment financière, pour assurer la mise en place et la viabilité du plan de paix. Il redoutait une remarque amère ou acerbe de Bill Clinton. Mais le Président détendit immédiatement l'atmosphère en lui lançant :

– Je vous l'ai déjà dit au téléphone, Itzhak, mais je suis fier de pouvoir le répéter en face : ce que vous avez fait est absolument extraordinaire.

Le visage de Rabin s'éclaira enfin d'un sourire et brusquement il parut soulagé. Clinton poursuivit :

– C'est un événement historique, comparable à l'accord signé par de Gaulle avec les Algériens ou celui conclu entre De Klerk et Mandela en Afrique du Sud.

– Nous avons tous remarqué, ajoutera ce collaborateur, que le Président avait soigneusement omis de dresser un troisième parallèle : les accords de paix signés par Nixon avec Hanoi, qui mirent fin à la guerre du Vietnam. Clinton avait haï cette guerre, au point que, quand il fallut inviter d'anciens présidents à la cérémonie, nul ne fit beaucoup d'efforts pour contacter Richard Nixon.

Bill Clinton évoqua l'attentat survenu la veille dans la bande de Gaza, où quatre soldats israéliens avaient péri dans une embuscade tendue par un commando du mouvement islamique Hamas.

– J'ai l'intention, annonce-t-il aux dirigeants israéliens, de demander tout à l'heure au président Arafat de condamner avec la plus extrême fermeté cet acte de violence.

Il semblait sincèrement ému en en parlant. Personne n'ignorait qu'il avait toujours affiché une grande sympathie pour Israël, beaucoup plus que son prédécesseur George Bush.

La conversation porta ensuite sur des banalités, comme si, à quelques minutes d'un événement capital, chacun souhaitait marquer une pause avant ce rendez-vous avec l'Histoire.

Prenant congé de ses hôtes, le président américain leur demanda, sur le ton de la surprise :

– Vous venez juste d'arriver à Washington. Est-ce vrai que vous comptez repartir après la signature et ne pas assister au dîner que nous avons organisé ?

Rabin hocha la tête :

– C'est exact, monsieur le Président. Nous devons être demain matin devant le Parlement israélien, pour une session extraordinaire.

L'argument était réel mais personne ne fut dupe. Pour Rabin, cohabiter plus longuement avec Arafat était proprement insoutenable.

A l'extérieur, c'est la cohue. George Bush tente de se frayer un chemin dans la foule. Un responsable du Secret Service, chargé de la sécurité des personnalités, l'aperçoit et se met à crier :

– Laissez passer le Président!

Bush, le visage crispé, corrige :

– Pas président, ex, ex...

Jonathan Schwartz piétine devant la porte nord-ouest. Ce proche collaborateur du secrétaire d'État, Warren Christopher, est obligé de patienter dans la longue file qui attend de franchir les contrôles de sécurité. Regardant fébrilement sa montre, un volumineux dossier sous le bras, il ne cesse de répéter :

– C'est très urgent, je dois me rendre au bureau de John Podesta.

Podesta est le collaborateur de Clinton qui gère tous les dossiers présidentiels. Au bout de vingt minutes, excédé, Schwartz lance aux responsables de la sécurité, éberlués : « Mais enfin, laissez-moi passer, je transporte le traité qui va être signé tout à l'heure! »

– J'avais à peine prononcé ces mots, se souvient Schwartz, que les portes se sont ouvertes devant moi comme les eaux de la mer Rouge devant Moïse et les Hébreux fuyant l'Égypte.

A 10 h 30, la délégation palestinienne conduite par Yasser Arafat pénètre dans la chambre bleue, un des salons de la Maison-Blanche. Le vice-président Al Gore est déjà présent, en compagnie du secrétaire d'État Warren Christopher, du ministre russe des Affaires étrangères, Kozyrev, et d'une importante délégation norvégienne, Oslo ayant accueilli secrètement pendant des mois les pourparlers de paix.

Selon un témoin : « Arafat avait le visage souriant d'un homme en train de vivre un rêve éveillé. »

Trois minutes plus tard, les Israéliens font leur apparition. Chaque délégation se regroupe aux deux extrémités de la pièce. Sans échanger un mot. Al Gore s'efforce de détendre l'atmosphère en proposant à tous du café et du jus d'orange. Sans succès. Un collaborateur de Clinton, présent dans le salon, raconte avec humour :

– On aurait dit deux familles qui se haïssent, rassemblées pour un mariage et contraintes de faire bonne figure pour ne pas embarrasser les futurs époux. Nous pensions prendre une photo mais l'ambiance était tellement froide et tendue que nous avons renoncé.

Quatre minutes avant 11 heures, Bill Clinton demande aux deux délégations de se préparer à sortir pour gagner la pelouse sud où se déroulera la cérémonie. Rabin et Arafat marchent en silence à ses côtés. Lorsqu'ils arrivent devant l'entrée appelée « porte diplomatique » le Président s'arrête, presque à hauteur des gardes qui présentaient les armes, et demande aux deux adversaires :

– J'aimerais que vous échangiez quelques mots.

Presque à regret et d'une voix sombre, Rabin murmure à Arafat en le regardant droit dans les yeux :

– Nous allons devoir travailler dur pour que cela marche, et le plus difficile reste à venir.

Le chef de l'OLP lui répond en anglais, d'une voix blanche :

– Je sais et je suis préparé à jouer mon rôle.

Ils sortirent et l'aboyeur qui annonçait au micro la composition de chaque délégation introduisit Arafat en qualité de « président du comité exécutif de l'OLP ».

La journée était claire et ensoleillée et, hormis un hélicoptère des services de sécurité tournoyant au-dessus de la Maison-Blanche, il régnait un silence fait de gravité et de prudence. Rien de comparable avec l'enthousiasme qui, quatorze années auparavant, avait marqué la signature de l'accord de paix entre Israël et l'Égypte.

Bill Clinton prononça son allocution de bienvenue

avec les intonations d'un prêcheur. Il évoqua « cette grande occasion de l'Histoire où l'on va oser imaginer ce que l'on avait du mal à concevoir : que la sécurité du peuple israélien puisse être conciliable avec les aspirations du peuple palestinien ». Il ajouta : « Les descendants d'Isaac et d'Ismaël ont commencé un voyage hardi vers la paix. »

Tandis que les discours se succèdent, les regards des observateurs se portent sur les deux protagonistes. Arafat ne cesse de sourire aux personnalités qu'il reconnaît dans la foule. Il savoure chaque seconde. Les mains derrière le dos, les yeux toujours en mouvement, il semble presque inattentif aux propos tenus à la tribune.

Une heure plus tôt, un haut fonctionnaire du Département d'État lui a demandé :

– Lorsque en 1974, vous êtes intervenu à la tribune des Nations unies, vous aviez déclaré : « Je viens devant vous avec dans une main un rameau d'olivier et dans l'autre un revolver qui est celui d'un combattant de la liberté. » Monsieur le Président, qu'avez-vous aujourd'hui dans les mains ?

Arafat sourit et répond :

– Deux rameaux d'olivier.

Le diplomate insiste :

– Mais qu'est devenu votre revolver ?

Le sourire d'Arafat s'élargit :

– Il me sert maintenant à protéger la paix.

Rabin est visiblement tendu, mal à l'aise. L'ancien général, devenu homme d'État, le héros de la guerre des Six Jours, il était alors chef d'état-major, fixe le bout de ses chaussures, n'applaudit personne. Il ne cesse de retirer et de remettre son discours dans sa poche, sous le regard perplexe du chef de l'OLP.

Un invité assis au premier rang se penche vers son voisin et lui murmure :

– Regardez l'uniforme d'Arafat, il a le même tailleur que les généraux de l'Armée rouge.

A 11 h 40, Shimon Pérès et Abou Mazen, le numéro deux de l'OLP dont le véritable nom est Mahmoud Abbas, s'installent à une grande table en bois, celle-là même qui servit, en 1979, à la signature de l'accord de paix entre Israël et l'Égypte.

A 11 h 43, les deux hommes achèvent de parapher les deux exemplaires posés devant eux. Le document contient dix-sept articles et quatre annexes. L'assistance applaudit bruyamment, comme si ces quelques minutes venaient d'exorciser quarante-cinq années d'un conflit sanglant. Pour la première fois un accord de paix existe entre l'État d'Israël et le mouvement palestinien.

Le président américain va donner un coup de pouce à l'Histoire. Il remarque qu'Arafat est prêt à s'avancer vers Itzhak Rabin. Il exerce une légère pression de la main dans le dos du Premier ministre israélien qui hésite. Les deux hommes, adversaires irréductibles, se serrent la main en souriant. Jusqu'à la dernière seconde, bien peu croyaient un tel geste possible.

– Ces deux mains, dira un observateur, ont salué et secoué le monde.

Arafat se dirige vers Shimon Pérès pour accomplir le même geste. Rabin glisse, ironique, à l'oreille de son ministre des Affaires étrangères :

– Voilà ce que tu voulais depuis si longtemps...

Les discours prononcés ensuite par le Premier ministre israélien et le chef de l'OLP vont révéler les préoccupations de chacun. Rabin semble s'adresser d'abord à ses concitoyens israéliens, pour les rassurer. Pérès, juste auparavant, avait évoqué les « tragédies parallèles de deux peuples » et la « ville éternelle de Jérusalem ».

Rabin, lui, évoquera « Jérusalem, l'ancienne et éternelle capitale du peuple juif ». Il s'exprime d'une voix rocailleuse, avec une franchise que perçoit toute l'assistance.

– Cette signature aujourd'hui n'est pas facile, ni pour moi en tant que soldat des guerres d'Israël, ni pour le peuple d'Israël, ni pour le peuple juif de la Diaspora qui nous regarde avec un mélange de grand espoir et d'appréhension... Ce n'est pas facile pour les familles des victimes des guerres, de la violence, de la terreur.

Quelques instants plus tard, il se montre encore plus tendu et sa voix trahit une formidable émotion lorsqu'il ajoute :

– A vous, Palestiniens, laissez-moi vous dire que nous sommes destinés à vivre ensemble sur le même sol et sur la même terre. Nous, les soldats revenus des batailles couverts de sang, nous qui vous avons combattus, nous vous disons aujourd'hui haut et fort : assez de sang et de larmes, assez.

L'intervention de Yasser Arafat sera, elle, d'une tout autre nature.

– Au nom de Dieu, plein de grâce et de miséricorde, commence-t-il, s'exprimant en arabe classique.

Ses premiers mots sont pour Clinton et les responsables américains :

– Monsieur le Président, leur dit-il, je saisis cette occasion pour vous assurer et pour assurer au grand peuple américain que nous partageons vos valeurs de liberté, de justice et en faveur des droits de l'homme, des valeurs pour lesquelles mon peuple a toujours lutté.

Un conseiller de Clinton confiera :

– En entendant ces mots, j'ai compris qu'il voulait nous séduire pour que nous pesions de tout notre poids dans les négociations à venir avec Israël, notamment sur les questions sensibles comme le statut de Jérusalem. En fait, il cessait d'être un terroriste pour devenir, à cette seconde, le leader internationalement consacré d'un peuple enfin reconnu par la seule puissance qui compte : l'Amérique.

Arafat ajoute quelques instants plus tard :

– Notre peuple ne considère pas que l'exercice de son droit à l'autodétermination puisse violer les droits de ses voisins ou porter atteinte à leur sécurité. Au contraire, mettre fin à leur sentiment d'avoir été maltraités et d'avoir subi une injustice historique constitue la plus ferme garantie pour parvenir à une coexistence et à une ouverture entre nos deux peuples et les générations futures.

En conclusion, le chef de l'OLP réaffirme les revendications palestiniennes :

– Il faudra, dit-il, mettre en œuvre l'ensemble de l'accord... se diriger vers le règlement définitif du statut des territoires, résoudre la question de Jérusalem, des réfugiés, des implantations et celle des frontières.

Au terme de la cérémonie, une fois dissipée cette « magie créée par l'impensable », les réactions, dans les deux camps, révèlent un malaise.

Les Palestiniens se disent déçus par le discours de Rabin. Fayçal Husseini, chef de file des Palestiniens de l'intérieur, confie : « J'espérais entendre davantage parler du futur que du passé. » Les membres de la délégation israélienne ont observé qu'Arafat a mentionné brièvement « le peuple d'Israël et ses dirigeants » mais qu'il ne s'est pas référé une seule fois à l'« État d'Israël ».

Avant de quitter le podium pour regagner l'intérieur de la Maison-Blanche, Yasser Arafat se mêle quelques instants à la foule des invités, décidé à séduire au maximum.

Il enjambe des chaises, s'accroche, et manque tomber en serrant la main de l'ancien secrétaire d'État James Baker, et du chef d'état-major, Colin Powell. Puis, il embrasse la fille de Clinton, Chelsea, ainsi que l'ambassadeur d'Arabie Saoudite à Washington, Bandar Bin Sultan. Des retrouvailles importantes pour le leader palestinien. Les Saoudiens ne lui avaient jamais pardonné son engagement aux côtés de l'Irak, durant la crise du Golfe, allant jusqu'à interrompre leur aide financière à l'OLP.

Quelques minutes plus tard, il se retrouve en tête à tête avec Bill Clinton, entouré de quelques collaborateurs. Les deux hommes sont installés dans une pièce baptisée « salle des cartes ». Une délégation de juifs et d'arabes américains attend, elle aussi, d'être reçue.

– Monsieur le Président, déclare Clinton, avec une grande fermeté de ton, nous avons la lourde responsabilité de vous accorder notre soutien et nous ne faillirons pas. Mais vous devez commencer à travailler très rapidement avec Israël.

Arafat, assis sur le rebord d'un fauteuil, les mains jointes devant lui, écoute, immobile, puis répond :

– Nous sommes déterminés à aller vite.

– Il faut, poursuit Clinton, qu'Israël se sente pleinement rassuré, pour tout ce qui concerne sa sécurité. Pouvez-vous vous y engager ? Un attentat a encore eu lieu, hier, dans la bande de Gaza.

– Monsieur le Président des États-Unis (Arafat parle avec une lenteur inaccoutumée, détachant chaque mot tout en fixant Clinton dans les yeux), non seulement je renonce à la violence mais je vais condamner tous les actes de ce type, au moins dans les zones qui seront gouvernées par les Palestiniens. Je prends la responsabilité de stopper toute violence.

Les cent vingt privilégiés conviés le soir à un grand dîner à la Maison-Blanche eurent droit à un menu supervisé par Hillary Clinton. Tous connaissaient le goût du couple présidentiel pour les menus végétariens et à basses calories, mais un des invités commenta, ironique : « C'est le genre de plats que vous stockez des mois dans votre congélateur afin de pouvoir les ressortir dans une soirée improvisée. »

Ce dîner « si intensément américain », selon l'un des cuisiniers, commençait par une soupe de carottes, suivie d'un morceau de bœuf rôti accompagné de pommes de terre de l'Idaho. Le dessert, spécialement choisi par Hillary, se composait d'une barquette de meringue avec un sorbet à l'orange et des gâteaux assortis. Le tout rehaussé par un pinot noir de Californie. Tout avait été mis en œuvre pour éviter un impair, voire une catastrophe protocolaire. Plusieurs responsables du Département d'État, spécialistes du Moyen-Orient, avaient soigneusement examiné le menu. Les Clinton avaient encore à l'esprit la gaffe survenue quelques mois plus tôt : lors de l'inauguration à Washington du mémorial aux victimes de l'Holocauste, les invités s'étaient vu offrir... du jambon fumé.

Les deux anciens présidents présents au dîner, George Bush et Jimmy Carter, avaient été invités par Bill Clinton à passer la nuit à la Maison-Blanche. Les Carter se virent proposer la chambre Lincoln, Bush, venu seul, eut droit à la chambre à coucher de la reine.

Tandis que cette soirée battait son plein, à quelques centaines de mètres de là, dans une maison discrète située à proximité de Massachussets Avenue, sept hommes prolongèrent tard dans la nuit une réunion cruciale. Le numéro deux de la CIA et son adjoint discutaient avec deux responsables de la force 17, les services de sécurité palestiniens chargés de la protection d'Arafat. Trois Israéliens occupant des fonctions élevées au sein du Mossad participaient également à cette rencontre.

Palestiniens et Israéliens étaient arrivés à Washington en marge des délégations officielles pour ne pas attirer l'attention. Les responsables de la force 17 avaient quitté Tunis pour Vienne, puis Francfort et New York avant de gagner la capitale américaine. Cette rencontre ultrasecrète avait un seul objectif : prendre toutes les mesures pour maintenir en vie Arafat. Aucun des participants, pas même les Palestiniens, ne pensait que le processus de paix survivrait à l'élimination du leader de l'OLP.

Ces hommes, des professionnels chevronnés du renseignement, identifièrent d'abord les facteurs de menaces. Le groupe d'Abou Nidal, bien sûr, mais aussi les organisations palestiniennes hostiles à l'accord signé avec Israël. Le chef de l'un des dix mouvements du Front du refus, Ahmed Jibril, basé à Damas venait de déclarer : « Qu'Arafat soit tué, et le processus s'effondrera. Je n'aurai même pas à le liquider, chaque Palestinien possède un couteau dans sa cuisine. »

Les hommes de la CIA, du Mossad et des services palestiniens tombèrent d'accord : une opération terroriste, destinée à liquider Arafat, ne pouvait avoir une chance de succès que si elle bénéficiait du soutien logistique d'un État. Deux pays étaient en mesure d'appuyer une telle action : la Syrie, mais Hafez El-Assad semblait engagé dans de délicates négociations avec Israël pour obtenir la restitution du plateau du Golan, et l'Irak de Saddam Hussein qui finançait en partie Abou Nidal.

Comble de l'ironie, le président irakien avait bénéficié de l'appui d'Arafat durant la guerre du Golfe.

Le risque le plus grand venait de l'entourage même du leader palestinien. Depuis déjà quatre mois, le Mossad et les responsables de la force 17 se rencontraient secrètement, en Europe ou dans les territoires occupés, parallèlement aux négociations de paix.

Un des Palestiniens déclara :

– La période la plus dangereuse sera dans cinq ou six mois, au début de 1994, au moment où nous risquons de devenir moins vigilants et lorsque Arafat sera physiquement présent à Jéricho et à Gaza.

A 2 h 30 du matin, la réunion s'acheva sur un accord

qui faisait de Yasser Arafat le leader politique probablement le mieux protégé du monde, puisque sa sécurité serait assurée par ceux qui étaient hier encore ses adversaires : la CIA et le Mossad s'engageaient à renforcer sa protection lors de tous ses déplacements à l'étranger.

L'Agence américaine et la centrale de renseignements israélienne acceptaient également de fournir aux Palestiniens toute information sur la moindre ébauche de complot en vue d'assassiner le président de l'OLP.

Un des responsables de la CIA, participant à cette réunion, conclut :

– Nous vous transmettrons tous les détails sur des menaces tangibles. Nous irons, dès que nous les aurons identifiés, jusqu'à vous signaler ceux qui envisagent de se lancer dans une telle opération.

2

LES LUNETTES D'ARAFAT

C'est ainsi que se sont déroulées les cérémonies de la paix à Washington. Nous les avons reconstituées fidèlement.

Cette paix surprenante, désirée et redoutée dans un Proche-Orient où les haines quasi mystiques se doublent de fascination réciproque, est-elle vraiment en marche ? Peut-être. Déjà on échafaude des thèses, explications historiques ou psychologiques, reportages, romans. Pour notre part, depuis bien longtemps nous avons essayé d'entraîner jusqu'à une table de négociation les deux frères ennemis, Israël et Ismaël. Parce que cette région nous est proche, que sa lumière nous éblouit, que sa musique et ses bruits nous obsèdent, que ses odeurs nous émeuvent. Parce qu'elle fait partie de notre mémoire. Surtout parce que le théâtre où se joue cette pièce unique est trois fois saint. Le rapprochement israélo-palestinien, nous avons, avec un groupe d'amis, tenté inlassablement de le susciter. Dès 1967, nous avons créé nos propres réseaux, constitué des comités, discuté avec les dirigeants des deux camps. Nous les avons même persuadés de se rencontrer.

Mais nous avons échoué.

Nous voulions comprendre comment les autres ont réussi. Aussi sommes-nous partis à la recherche de ces hommes et de leur méthode. Nous avons rapidement découvert la méthode. Elle était géniale dans sa simplicité.

A Oslo, Palestiniens et Israéliens se sont efforcés de mettre sur le papier tous les points sur lesquels ils pouvaient tomber d'accord, en laissant de côté les cas litigieux.

Les partenaires choisissaient de se comporter comme si le cœur du problème était déjà résolu, et surtout, ils devaient écrire et non parler. Et n'écrire ni en arabe ni en hébreu, mais en anglais, langue étrangère aux deux parties. Chacun s'arma de dictionnaires et travailla à la recherche du mot juste. Or on peut s'emporter plus facilement pour une intonation que pour la place d'une virgule.

Quel changement par rapport à nos propres démarches! Nous pensions qu'il suffirait que les gens se parlent pour qu'ils finissent par se comprendre. Ne disions-nous pas que la violence s'arrête où la parole commence? Nous oubliions une évidence, la parole véhicule elle aussi la violence.

Quant aux acteurs de cette fabuleuse histoire, c'était moins aisé. Nous avons mis deux mois à les retrouver, les plus connus comme les plus obscurs. Nous avons réussi à reconstituer le réseau qui les a menés en Norvège et, de là, à Washington pour leur reconnaissance mutuelle. Nous avons mis au jour les filières parallèles voulues par Yasser Arafat ou Itzhak Rabin pour sonder la bonne volonté des autres.

Certaines rencontres étaient si secrètes que l'entourage des négociateurs apprendra ici leur existence.

Et les États-Unis, où se déroulaient dans le même temps les négociations multilatérales de Washington, savaient-ils ce qui se passait à Oslo? Oui, bien sûr. Mais ni le président Clinton ni son ministre des Affaires étrangères n'y ont cru. Heureusement. On peut imaginer les ravages qu'aurait produits leur intervention dans les fragiles conversations d'Oslo, quels marchandages géostratégiques ils auraient suscités... Le meilleur service qu'on pouvait rendre aux protagonistes était de respecter leur face-à-face.

Contrairement à ce qu'on pense d'habitude, laissés seuls, les petits se débrouillent.

Mais les explications techniques ne sont pas tout, ni les mystères de la géographie. Il ne suffit pas de comprendre comment la Norvège a joué un rôle au Proche-Orient. Il faut aussi découvrir par quelle métamorphose ceux qui se haïssaient hier encore se serrent aujourd'hui la main. La deuxième enquête de ce livre, c'est celle que nous avons menée dans la tête de ces hommes que nous connaissons depuis trente ans.

Shimon Pérès nous dit que c'est l'âge qui a fait mûrir l'événement. Au fond, il ne fait là que reprendre l'Ecclésiaste : « Il y a un temps pour la guerre et un temps pour la paix. »

Quand a-t-on su que ce temps était venu ? A quel moment le chef de l'OLP a-t-il cessé de considérer Israël comme une terre de conquête pour l'envisager comme voisin et, mieux encore, comme partenaire ? A quel moment le Premier ministre israélien a-t-il cessé de voir en Arafat un terroriste tueur d'enfants juifs pour l'accepter comme interlocuteur puis comme associé pour la paix ? Aujourd'hui, à la lumière des événements extraordinaires de septembre 1993, certaines paroles prononcées auparavant prennent une tout autre dimension.

Nous nous trouvions en février 1991 chez Yasser Arafat, à Tunis, en compagnie de Souha Tawill qu'il allait épouser deux ans plus tard. Un homme entra pour annoncer que Hamas proclamait la grève générale à Gaza. Yasser Arafat se mit en colère : « Ce sont des criminels ! Des irresponsables ! » Une fois calmé, il prit la dépêche qu'on lui tendait. Il la regarda un moment sans réagir. Il semblait qu'il avait du mal à la déchiffrer. Finalement, avec un petit sourire, il tira une paire de lunettes de sa poche et nous la montra en disant en anglais : « Vous voyez, j'ai besoin de lunettes à présent. » Ce geste, cette phrase nous l'ont rendu plus humain, plus proche : plus fragile aussi. Plus universel, donc.

Cette sensation neuve préparait la surprise qu'il nous causa quelques minutes plus tard. Il se mit à poser des questions sur Shimon Pérès : comment était-il, comment étaient sa femme, ses enfants ? Était-ce une famille unie ?

Nous lui racontons ces vendredis soir chez Shimon, où toute la famille Pérès se retrouve autour du vieux père pour la veillée de shabbat. Arafat nous interroge encore. Et les petits-enfants ? Et Pérès, est-il fidèle en amitié ?

Voilà la cassure, nous sommes-nous dit. Une cassure irrémédiable dans l'image de l'autre, cet autre diabolisé pendant des décennies. On ne s'intéresse pas à son ennemi comme à un être humain sans vouloir un jour le rencontrer et faire la paix avec lui.

Nous parlons encore longtemps dans le bureau d'Arafat en buvant du thé au miel, sa boisson favorite. Nous parlons des élections législatives en Israël, et voilà que se manifeste la première conséquence politique de son intérêt pour l'homme Pérès.

– Pensez-vous que si le parti travailliste prenait le pouvoir, nous questionne-t-il, ce serait plus facile pour la paix ?

Et sans attendre, il enchaîne :

– Comment aider Pérès à gagner les élections ?

Devant nos regards étonnés, il précise :

– Nous pouvons, vous savez. Nous pouvons faire passer une consigne parmi les Palestiniens d'Israël, ils votent. Quelques milliers de voix peuvent changer le résultat du scrutin, dans ce pays.

Nous objectons qu'en temps de paix, cela aurait été une bonne idée, mais qu'en pleine guerre... Imaginez...

Être soutenu par l'ennemi ! Comment réagirait le simple citoyen ? Ne penserait-il pas à un piège, à une trahison ?

Sans répondre vraiment à notre remarque, Yasser Arafat demande encore :

– Mais quand il sera élu, pensez-vous qu'il acceptera une rencontre ?

Machiavel écrit dans Le Prince *: « Il faut reconnaître que le hasard gouverne la moitié, ou un peu plus de la moitié de nos actions, et que nous dirigeons le reste. » Mais il ne dit pas quelle moitié est la plus importante... Deux mois plus tard, nous nous trouvons chez Shimon Pérès, un vendredi soir, justement. Nous bavardons avec sa femme Sonia quand il nous demande brusquement :*

– Comment va votre ami de Tunis ?

Nous lui donnons quelques nouvelles.

– Et encore ?

– Il vieillit, comme nous tous. Il s'est acheté des lunettes.

– Ah bon ! s'exclame Shimon Pérès d'un ton très intéressé. Il s'est acheté des lunettes !

Et il répète : « Ah bon ! » comme si cette nouvelle anodine avait une importance politique capitale.

3

CANDIDE CHEZ LES PALESTINIENS

Le petit homme rond au crâne dégarni et à la barbe abondante et fleurie marchait d'un pas rapide dans les rues de Londres, bravant la pluie.

Il était un peu plus de 7 h 45, le 4 décembre 1992. Une heure auparavant, il avait quitté le domicile de son cousin, en banlieue, et emprunté le métro bondé. Yaïr Hirschfeld n'avait pas d'argent pour prendre un taxi.

Pour ce professeur d'histoire du Moyen-Orient à l'université d'Haïfa, chaque déplacement à l'étranger était un casse-tête. Il lui fallait, ne pouvant s'offrir l'hôtel, se faire héberger par un parent ou des amis. Il n'en concevait pas la moindre amertume.

Cet Israélien de quarante-neuf ans né en Nouvelle-Zélande, de parents juifs autrichiens, portait un regard candide et obstiné sur le monde. Il croyait en deux choses : à la nécessité d'un dialogue direct entre Israël et les Palestiniens, y compris l'OLP, et au poids déterminant de l'économie comme ciment de la paix. Pendant longtemps ses idées n'avaient guère rencontré d'écho dans l'opinion. La majorité dans chaque camp semblait plus séduite par l'intransigeance et le recours à la force.

L'histoire mûrit étrangement et Hirschfeld l'avait en quelque sorte apprivoisée. Il ressemblait au professeur Tournesol, ce personnage doux et naïf des albums de

Tintin qui arrive toujours à ses fins parce que son inattention lui cache les pièges où il pourrait tomber.

Tandis qu'il se dirigeait vers le quartier résidentiel de St. James, il repensait à la manière dont les événements s'étaient enchaînés.

Il n'aurait jamais dû être à Londres. Tout avait commencé quelques jours plus tôt, le 30 novembre, lorsqu'il avait garé sa vieille voiture devant la magnifique résidence de Hanane Achraoui, à Ramallah, en Cisjordanie. Cette femme brillante et déterminée est, avec Fayçal Husseini, le chef de file des Palestiniens de l'intérieur. Elle connaît et apprécie Hirschfeld depuis des années.

En 1989, en pleine Intifada, le professeur israélien organisait dans la salle de conférences de Notre-Dame, à Jérusalem, à la lisière des villes juive et arabe, des colloques réunissant Palestiniens et Israéliens. L'assistance était clairsemée et la presse israélienne n'en rendait pratiquement pas compte. Pourtant Hanane Achraoui y participait, tout comme Husseini, et le principal intervenant israélien était un jeune député travailliste, Yossi Beilin, qui, dès 1977, avait abandonné sa carrière universitaire pour suivre Shimon Pérès dans son exil politique.

En juin 1992, la victoire confortable du parti travailliste modifie toutes les données. Shimon Pérès prend la direction des Affaires étrangères et nomme au poste de ministre adjoint Yossi Beilin, proche des vues de Hirschfeld, puisque tous deux ont créé un petit centre de recherche, la Fondation pour la coopération économique, pour laquelle Hirschfeld est perpétuellement à la recherche de fonds.

En mai 1992, un mois avant le succès électoral des travaillistes israéliens, Beilin lui présente un Norvégien, Terje Rod Larsen, directeur d'un important institut, le FAFO, travaillant notamment sur le problème des territoires occupés.

Les trois hommes discutent longuement, à Jérusalem, dans les jardins paisibles de l'American Colony, un hôtel de la vieille ville au charme désuet.

Au terme de cette rencontre, Larsen promet à Hirschfeld de tenter de débloquer cent vingt mille dollars pour lui permettre d'effectuer des études. Le professeur de Haïfa est aux anges, mais les mois passent sans que rien se concrétise.

Lorsqu'il arrive, le 30 novembre, chez Hanane Achraoui, juste en face du siège du gouverneur militaire israélien, Hirschfeld est soucieux, l'esprit accaparé par ces contingences financières.

Les préoccupations de Hanane Achraoui, ce jour-là, sont d'une tout autre nature. D'une intelligence politique remarquable, cette femme brune de cinquante ans, professeur de littérature anglaise médiévale, s'inquiète de l'enlisement des pourparlers de paix de Washington.

La conférence de Madrid, organisée en 1991 à l'initiative de George Bush et où, pour la première fois, Israéliens et Arabes s'étaient directement assis à la même table, avait prévu qu'ensuite des négociations bilatérales se tiendraient entre toutes les parties dans la capitale américaine.

Pour Hanane Achraoui, porte-parole de la délégation palestinienne à ces réunions, les résultats obtenus jusqu'ici sont plus que décevants.

– J'étais convaincue, nous dira-t-elle, qu'il fallait créer plusieurs réseaux parallèles, car les négociations de Washington étaient un véritable débat public d'où il était clair que rien ne pouvait sortir. D'ailleurs elles s'enfonçaient dans l'impasse. A plusieurs reprises, j'ai déclaré aux Américains : « Pourquoi ne pas créer un réseau à trois voies, si vous souhaitez jouer un rôle réel ? Nous savons tous que les vraies négociations se déroulent toujours derrière la scène. Nous sommes disposés à créer un réseau qui rassemblerait des officiels israéliens, des gens de l'OLP et vous. » Ils ont catégoriquement refusé de négocier avec l'OLP. Ils avançaient très prudemment, sans imagination et sans audace. Donc, j'ai commencé à installer d'autres canaux.

Hirschfeld ignorait, tandis qu'il prenait le thé en devisant amicalement dans le salon de son hôtesse, qu'il faisait partie de la stratégie d'Hanane Achraoui. Celle-ci ne soupçonnait pas davantage que l'initiative qu'elle allait prendre échapperait si rapidement à son contrôle. Yaïr Hirschfeld, proche de Yossi Beilin et donc de Shimon Pérès, représentait à la fois une piste de plus à explorer et un atout à utiliser. Il s'agissait d'un choix pragmatique qu'elle effectuait sans illusions excessives. Depuis des années, Israéliens et Palestiniens de l'OLP se rencontraient secrètement, en marge de leurs directions respectives. Ces contacts n'avaient jamais abouti à des résultats tangibles mais, au fil du temps, un étrange phénomène s'était produit.

Les adversaires avaient fini par se connaître et se comprendre. Insensiblement, les mentalités se rapprochaient, les esprits s'apprivoisaient, même si les logiques politiques restaient toujours antagonistes.

Au terme de leur discussion, Achraoui demanda à Hirschfeld :

– Avez-vous des projets de voyage, ces prochains mois ?

– Oui, je pars pour un séminaire qui se déroule à Zurich, sur le problème de l'eau.

Son interlocutrice parut soudain intéressée.

– Vous devriez en profiter pour faire un saut à Londres où commenceront le 3 décembre les travaux du comité d'élaboration des négociations multilatérales. Cela pourrait être extrêmement intéressant pour vous.

Hirschfeld fit une moue sceptique.

– Vous croyez ? C'est un peu compliqué et je n'ai pas d'argent pour payer le billet Zurich-Londres.

Hanane Achraoui sourit :

– Franchement, Yaïr, je ne pense pas que ce soit un obstacle. Votre agence de voyages peut facilement régler cette question sans que cela vous coûte plus cher. Et, une fois à Londres, vous pourriez en profiter pour rencontrer Abou Ala.

Hirschfeld avait sursauté :

– Abou Ala sera présent ?

La responsable palestinienne, visage impassible, avait hoché la tête :

– Oui, et je peux vous assurer qu'il sera ravi de faire votre connaissance.

L'universitaire aux gestes calmes était resté un long moment songeur. Abou Ala, de son vrai nom Ahmed Kreih, représentait, à ses yeux, l'interlocuteur parfait. L'homme était un proche d'Arafat mais aussi un modéré et un pragmatique. A la fois banquier et industriel, il dirigeait le département économique de l'OLP.

Hirschfeld se rappelait parfaitement ce texte de treize feuillets qu'il avait eu entre les mains, un an plus tôt. Signé par Abou Ala, ce document destiné aux responsables de la Communauté européenne portait sur l'avenir économique du Proche-Orient. L'Israélien, qui avait lui-même élaboré un plan de développement, avait été séduit par le réalisme de ce plaidoyer en faveur d'une coopération régionale intégrant Israël et ses voisins. Il avait fait parvenir une copie du texte à son ami Beilin qui s'était empressé de le faire lire à Pérès.

Le chef de la diplomatie israélienne, selon un de ses proches, « y retrouvait quasiment le reflet de sa propre vision ».

Dans la partie délicate qui se prépare, le choix d'Abou Ala par l'OLP est on ne peut plus judicieux. Selon Ouri Savir, directeur du ministère israélien des Affaires étrangères, « il maîtrisait l'aspect économique, véhiculait des idées qui correspondaient aux nôtres et, en outre, il connaissait parfaitement la pensée de Pérès ». Ce dernier élément va s'avérer capital.

Hirschfeld est à la fois tenté par la proposition qui lui est faite, et inquiet. La loi israélienne interdit en effet, sous peine d'emprisonnement, les contacts entre citoyens israéliens et membres de l'OLP.

Il prend congé de Hanane Achraoui en restant évasif :

– Je vais réfléchir, j'irai si j'ai le temps.

Il griffonne sur un morceau de papier le numéro de téléphone d'un cousin éloigné habitant Londres :

– Voilà où on pourra me toucher.

A son retour, il s'arrête à Jérusalem pour discuter avec Ron Pundik. Ce fils d'un célèbre journaliste a été l'élève d'Hirschfeld avant de devenir son collaborateur au sein du petit centre de recherche créé par Yaïr. Historien et journaliste au quotidien *Haaretz*, spécialiste lui aussi des territoires occupés, Pundik porte des lunettes rondes et les cheveux en brosse qui lui donnent parfois un faux air de Woody Allen.

Il écoute le récit de Yaïr et conclut, sans plus de commentaires :

– Ne réfléchissez pas trop, vous devez y aller.

Hirschfeld n'est toujours pas totalement convaincu. Le lendemain, il va rendre visite à Yossi Beilin à son bureau aux Affaires étrangères. Étrange lieu. La diplomatie israélienne est installée depuis des décennies dans des bâtiments préfabriqués, situés à la périphérie de Tel-Aviv.

Petit, d'apparence timide, le ministre adjoint, âgé de quarante-cinq ans, est de ceux qui ont œuvré sans relâche pour faire évoluer le parti travailliste et convaincre ses responsables de la nécessité d'un dialogue avec l'OLP. Pourtant, il accueille la nouvelle que lui apporte Hirschfeld avec prudence :

– Je ne croyais pas, nous confiera-t-il plus tard, qu'on pourrait changer la situation. Nous savions qu'il fallait parler avec l'OLP, Yaïr avait de très bons contacts, mais des tentatives équivalentes avaient déjà eu lieu dans le passé : toutes avaient échoué. Ces échecs remplissaient des livres entiers.

Deux coïncidences vont fournir un coup de pouce au destin. Beilin découvre qu'il doit être lui aussi à Londres le 3 décembre. Hirschfeld pourra lui fournir un compte rendu immédiat de sa rencontre avec Abou Ala. Et puis, pur hasard, un autre protagoniste, qui va jouer un rôle considérable, se trouvera aux mêmes dates dans la capitale britannique : Terje Rod Larsen, ce Norvégien de quarante-sept ans, au visage rond, qui parle l'anglais avec un fort accent d'Oxford et dirige l'Institut de sciences sociales appliquées.

C'est lui qui a promis à Hirschfeld de débloquer un budget de cent vingt mille dollars. Mais il a surtout confié à Beilin, au cours de la même rencontre, que la Norvège se tenait prête à faciliter tout dialogue entre Israéliens et Palestiniens. Le gouvernement social démocrate au pouvoir à Oslo entretient des relations étroites avec toutes les parties : les travaillistes israéliens, la direction de l'OLP mais aussi les États-Unis. Pour un protagoniste de l'affaire : « C'était le pays idéal. Discret et à l'écart des voies diplomatiques habituellement empruntées. »

Yossi Beilin détient un troisième atout en la personne du petit homme rond et vif assis en face de lui. Depuis des années, Yaïr Hirschfeld n'a cessé de parcourir les territoires occupés. Il a gagné la confiance et le respect de tous les responsables palestiniens de l'intérieur : « Il avait, nous dit Beilin, des contacts extrêmement faciles, comme personne avant lui, avec les Arabes, en Israël, dans les territoires et en dehors des territoires. Pour moi, c'était une personne vraiment particulière, un peu bizarre. Il n'était pas né en Israël, comme la plupart d'entre nous. Il est allé en Autriche à l'âge de vingt-trois ans, à Vienne. Il parlait allemand avec sa femme. Il était complètement différent de nous, mais aussi totalement dévoué à l'objectif de la paix. Il y croyait vraiment. Il était très innocent et naïf. C'en était presque incroyable. »

Beilin, tout comme Shimon Pérès, est convaincu que les négociations qui se déroulent à Washington ne déboucheront jamais sur un accord.

– J'avais peur qu'on perde du temps et que l'on manque des opportunités fructueuses. Il était donc capital d'ouvrir une voie parallèle pour obtenir et faire passer des informations. Mais en même temps, je ne voulais pas violer la loi.

Là encore, Hirschfeld, dépourvu de tout statut officiel, est à même de passer inaperçu. Ironie de l'Histoire, cette fameuse loi, qui pèse comme une épée de Damoclès sur la tête des officiels, commencera à être modifiée en première lecture à la Knesseth, le 2 décembre. Le 3, Beilin et Hirschfeld s'envolent pour Londres. A son arrivée en milieu d'après-midi, le professeur se rend chez son cousin installé en banlieue, qui, avant même de l'embrasser, lui dit : « Écoute, un type avec une voix arabe t'a téléphoné au moins dix fois depuis ce matin. »

Un message sibyllin, laissé sur le répondeur, précise même :

– Monsieur Hirschfeld, nous aimerions une réunion.

Yaïr appelle l'hôtel Ritz où séjourne Abou Ala. Le responsable palestinien se montre aussi chaleureux qu'impatient.

– Je suis content que vous soyez arrivé. Pourrions-nous nous rencontrer demain matin à ma chambre ?

Le professeur israélien hésite. Il ne tient pas à être vu dans l'hôtel abritant la délégation palestinienne.

– Je préfère que nous nous retrouvions à 10 heures au Forte Crest St. James. J'ai déjà une autre réunion prévue à 8 heures dans cet hôtel.

L'hôtel suggéré par Hirschfeld est celui où est descendu Larsen.

A 8 h 03, transi de froid, trempé par la pluie, l'Israélien pénètre dans le hall du St. James. L'hôtel, aux lumières tamisées, est un havre de calme et de luxe discret. Il gagne la salle du petit déjeuner, au premier étage. Larsen est déjà présent, assis à une table ronde en bois. Il porte une de ces chemises rayées qu'il affectionne. Hirschfeld lui avait téléphoné de Haïfa, juste avant son départ, pour fixer ce rendez-vous.

– Quel plaisir de vous voir à Londres, lui dit le Norvégien.

Yaïr le fixe longuement :

– Terje, lors de notre dernière rencontre, en mai à Jérusalem, vous m'aviez dit mot pour mot : « Si jamais vous aviez besoin de quelque chose pour une réunion entre Palestiniens et Israéliens, je vous aiderai pour tout ce que vous voulez. Je vous assisterai. »

– J'ai même précisé, répond Larsen : nous, Norvégiens, ne souhaitons pas établir de contacts entre les deux camps. Mais si vous voulez faire quelque chose avec les Palestiniens et que vous ayez besoin d'aide, nous serons là.

Hirschfeld hoche la tête, comme rassuré :

– Bien. Il faut que vous sachiez qu'à 10 heures, ici même, je vais rencontrer Abou Ala. Je sais que vous le connaissez. Je n'ai aucune idée de ce qu'il en ressortira mais, si quelque chose d'intéressant ou d'important se produisait, pourriez-vous nous aider dans le futur ?

Le Norvégien ne marque pas la moindre surprise ou hésitation :

– Naturellement. Quels que soient vos besoins nous vous assisterons. Il m'est difficile de débloquer les cent vingt mille dollars que je vous avais promis, mais nous prendrons en charge tous vos frais si les discussions se poursuivent en Norvège.

Les deux hommes se séparent à 9 h 45 en étant

convenus de se retrouver dans la soirée. Larsen s'éclipse avant l'arrivée du responsable palestinien. Une discrétion constante qui expliquera le succès de l' « hospitalité norvégienne ».

– Nous voulions, dira un responsable d'Oslo mêlé aux discussions secrètes, créer une atmosphère à l'opposé de Washington, avec des négociations se déroulant dans une ambiance informelle, afin d'instaurer une confiance personnelle entre les participants.

A 10 h 02, Abou Ala arrive à l'hôtel, accompagné des représentants de l'OLP à Londres, et de Hassan Asfour, un ancien responsable du parti communiste devenu depuis conseiller d'Arafat.

Au-dehors, la pluie redouble. Hirschfeld détaille Abou Ala avec curiosité. Il l'avait aperçu fugitivement, en 1991, lors de la séance d'ouverture de la conférence de Madrid. Le regard pétillant, vêtu avec élégance, Abou Ala est un quinquagénaire affable et charmeur. Il ressemble davantage à un riche banquier du Moyen-Orient qu'à un responsable de mouvement de libération. L'homme n'a, semble-t-il, jamais été mêlé à une opération terroriste et il est probablement le seul, avec Yasser Arafat, à connaître la situation réelle des finances de l'OLP.

Selon de nombreux experts, la Centrale palestinienne serait au bord de la banqueroute depuis que les monarchies pétrolières du Golfe ont interrompu toute aide financière, en représailles au soutien apporté par Arafat à Saddam Hussein, durant la guerre du Golfe. Pourtant, des renseignements précis évaluent entre 4 et 6 milliards de dollars le trésor de guerre de l'OLP.

Des sommes investies dans le monde arabe mais placées également dans des banques suisses et luxembourgeoises, ainsi qu'en Grande-Bretagne où la Centrale palestinienne est propriétaire d'un vaste parc immobilier, notamment dans le quartier élégant de Mayfair.

Détenteur de ces secrets, Abou Ala s'exprime avec un humour et une modération qui plaisent d'emblée à Hirschfeld.

– J'ai lu avec beaucoup d'intérêt, lui dit l'Israélien, vos analyses sur l'avenir économique de la région.

– Je crois, répond courtoisement le Palestinien, que vous avez travaillé sur le même sujet et que nos conclusions sont assez proches.

En réalité, les deux hommes s'engagent dans une étrange partie où chacun est persuadé que l'autre est demandeur. La discussion va durer trois heures pendant lesquelles Hirschfeld et Abou Ala confrontent leurs points de vue, souvent identiques, sur l'avenir des territoires occupés, la nécessité d'une négociation rapide et l'impasse totale des discussions de Washington. Pourtant, le scepticisme domine encore.

A un moment, Hirschfeld déclare :

– Nous devrions parler de la paix.

– Ne pensez-vous pas, répond Abou Ala, qu'il serait logique et constructif de créer un réseau parallèle qui permettrait l'ouverture de négociations formelles ?

Hirschfeld, embarrassé, hésite à répondre :

– C'est difficile à dire. Je ne suis pas un officiel.

L'air contrit, Abou Ala lève les bras en signe d'impuissance :

– Si vous n'êtes pas un officiel, alors que pouvons-nous faire ensemble ?

– Écoutez, répond Hirschfeld, revoyons-nous ce soir, nous pouvons peut-être progresser, car j'ai rendez-vous dans l'après-midi avec des « amis ».

Le responsable palestinien sourit à l'évocation du terme « amis » et répond :

– Très bien, voulez-vous 20 heures à mon hôtel ?

Insensible aux intempéries, Hirschfeld va poursuivre son étrange périple à travers Londres. Toujours à pied.

A 16 heures, il frappe à la porte de la chambre d'hôtel de Dan Kurtzer. Ce Juif religieux qui ne porte pas de kippa mais mange kascher, est un des plus vieux amis de Hirschfeld. C'est un des hommes clés de la diplomatie américaine. Ancien conseiller de James Baker, il continue d'occuper d'importantes fonctions au Département d'État.

L'universitaire israélien lui fait un récit enthousiaste de sa rencontre avec Abou Ala. Kurtzer l'écoute attentivement :

– Cela me semble tout à fait intéressant. Continuez. Dès mon retour, je préviendrai la Maison-Blanche et le Département d'État.

Persuadé d'avoir été adoubé par les Américains, Hirschfeld reprend son bâton de pèlerin et repart sous la pluie. En réalité, l'information transmise par Dan Kurtzer ne provoquera pratiquement aucune réaction au sein de l'Administration Clinton. Le président américain se désintéresse de ce dossier et son secrétaire d'État, Warren Christopher, n'accorde aucun crédit à l'OLP ni aux contacts secrets. Selon les confidences d'un de ses proches collaborateurs, « il croyait que toute paix sérieuse reposait sur un accord entre Israël et la Syrie ».

A 18 heures, Hirschfeld arrive à l'hôtel Hyatt. Il a rendez-vous avec Yossi Beilin. Là encore, au terme de son exposé, la réponse du ministre adjoint des Affaires étrangères est lapidaire :

– Cela me paraît bien. Pour l'instant je ne peux pas rentrer dans la danse, ma fonction me l'interdit.

Beilin redoute que l'on apprenne qu'il a encouragé des pourparlers avec l'OLP. Mais le fait que ces contacts puissent se poursuivre dans un pays aussi discret que la Norvège le rassure. Il décide dans un premier temps de ne rien dire à Shimon Pérès.

Infatigable coursier de la paix, Hirschfeld quitte le Hyatt à 19 h 15 et marche en direction du Ritz où il arrive peu avant 20 heures. Abou Ala l'accueille dans sa suite :

– Les rencontres avec vos « amis » se sont bien passées ?

Hirschfeld lui sourit et hoche la tête.

– Oui !

– Alors ?

– Nous pourrions commencer à discuter à Oslo, en Norvège.

Abou Ala le fixe, effaré :

– Pourquoi Oslo ?

La réponse d'Hirschfeld tombe, ingénue.

– Parce qu'ils nous invitent.

– Officiellement ?

– Oui, tout est arrangé.

Le Palestinien le regarde avec gravité.

– Si nous engageons des discussions, je ne crois pas qu'il serait très fructueux de ressasser l'Histoire. Personne ne pourra me convaincre que la Palestine ne m'appartient pas et personne ne pourra vous convaincre qu'elle n'est pas à vous. Alors commençons par évoquer les difficultés actuelles.

Le jour même Itzhak Rabin expulse vers le Liban 415 militants du Hamas. Les deux hommes n'évoqueront pas un instant ce dossier.

Abou Ala nous confiera quelques mois plus tard à Tunis :

– Trois éléments m'ont incité à m'intéresser au projet. D'abord je supposais que Hirschfeld avait l'appui de Yossi Beilin dont il était proche ; ensuite, il connaissait Kurtzer qui séjournait à Londres à cette époque. Donc, les Américains, même s'ils ne soutenaient pas activement cette initiative, devaient en avoir eu connaissance. Enfin, le choix de la Norvège semblait judicieux. Ce petit pays entretenait des relations amicales avec tout le monde. Bref, j'étais tenté de participer, et puis au fil des jours, je dois avouer que petit à petit j'ai oublié.

Étrange mois de décembre, en effet, où tout se fige. Dès son retour en Israël, Yaïr Hirschfeld, avec l'aide de Ron Pundik, rédige un mémoire à l'intention de Yossi Beilin, détaillant les perspectives d'une future négociation. Pérès et Rabin ignoreront tout d'un tel projet. Comme nous l'avouera Beilin :

– Si vous saviez tous ceux qui venaient me voir avec en tête l'idée de rencontrer l'OLP.

A Tunis, même statu quo. Il ne semble pas certain qu'Abou Ala ait informé Arafat de ses contacts avec Hirschfeld, ni de possibles discussions en Norvège. En tout cas, le chef de l'OLP n'y voit pas une opportunité à saisir d'urgence. Comme il nous l'indiquera en octobre 1993 :

– Ce n'était pas le premier canal que nous ouvrions. Nous en avions déjà exploré tant d'autres dans le passé sans grand succès !

Le Norvégien Larsen va rompre cet attentisme et relancer le processus. Le 18 décembre il arrive à Tunis. Une voiture l'attend à l'aéroport pour le conduire au bureau d'Abou Ala. Le chef du département économique l'accueille, entouré de plusieurs collaborateurs. Au bout d'une demi-heure de discussion, il demande à ses adjoints de quitter la pièce. La porte à peine refermée, Larsen lance à son interlocuteur :

– Savez-vous que vous êtes invité en Norvège ?

Abou Ala affiche un large sourire :

– Nous savons que vous avez d'étroites relations avec le gouvernement israélien. Pourriez-vous nous aider à établir un contact pour d'éventuelles discussions, parallèles aux négociations de Washington ?

– C'est tout à fait possible. Pourrais-je rencontrer le Président Arafat ?

Une heure plus tard, le directeur de l'Institut norvégien se retrouve face au président de l'OLP. La discussion entre les deux hommes va être à la fois succincte et étrange.

– Monsieur le Président, déclare Larsen, que pouvons-nous faire pour vous ?

Arafat répond, comme à son habitude, de manière diplomatique et floue.

– En tant que pays scandinave, nordique, vous pouvez faire beaucoup de choses. Je n'oublie pas que nos négociations avec l'Administration américaine, en 1988, se sont engagées grâce à la Suède.

Pour Larsen, ces mots constituent un véritable feu vert. Il confiera plus tard à ses proches :

– J'ai senti à cet instant qu'une opportunité s'offrait et que la Norvège pouvait jouer un rôle historique. Nous nous trouvions dans une situation privilégiée, en raison des excellentes relations que nous entretenions avec toutes les parties. Bref, j'ai eu le sentiment que nous pouvions agir de façon décisive, dans ce qui s'annonçait comme un tournant de l'Histoire.

Des propos ronflants et emphatiques pour une réalité plus prosaïque, selon Ron Pundik, un des négociateurs israéliens :

– Ce qui s'est déroulé de décembre 1992 à septembre 1993, ne découlait pas d'une prétendue initiative norvégienne. Il n'y a jamais eu d'initiative norvégienne mais uniquement des discussions bilatérales entre les Israéliens et l'OLP, facilitées par les Norvégiens. Ce fut d'ailleurs la raison pour laquelle elles furent couronnées de succès. Il s'agissait, pour la première fois, de négociations directes, sans intermédiaire.

Larsen va tout de même accomplir un travail de logistique considérable. Il s'occupe des billets d'avion, de l'organisation sur place. Il téléphone à un ami, Jens P. Heyerdahl, responsable du groupe industriel Orkla, pour lui demander de prêter la ferme de Borregaard, utilisée d'ordinaire pour les séminaires de l'entreprise.

Il s'agit en fait d'un petit manoir, situé à cent cinquante kilomètres d'Oslo, décoré de vieux bibelots en bois. L'industriel accepte immédiatement, sans poser la moindre question. Les deux parties tombent d'accord pour une première rencontre le 20 janvier.

Les Israéliens découvriront, cinq mois plus tard, qu'Arafat et ses proches ont donné leur feu vert et accepté l'envoi d'une personnalité de l'importance d'Abou Ala, persuadés que Yaïr Hirschfeld et Ron Pundik sont, eux, directement mandatés par Itzhak Rabin et Shimon Pérès.

La réalité est totalement à l'opposé. Lorsque, le 20 janvier, les deux professeurs quittent Tel-Aviv pour Oslo, via Genève et Paris, afin d'égarer les soupçons, le Premier ministre israélien, Itzhak Rabin, ignore tout de l'initiative. Son ministre des Affaires étrangères Shimon Pérès a donné son assentiment, mais du bout des lèvres. Selon son adjoint, Yossi Beilin, « il n'était pas très enthousiasmé ».

Comme nous l'a confié Ron Pundik :

– Officiellement, il n'existait aucune discussion directe entre Israël et l'OLP. Si l'affaire avait été découverte et publiée dans la presse, on l'aurait qualifiée d'initiative prise par deux rêveurs un peu fous, auxquels on aurait administré un grand coup de pied dans le cul, sous forme d'une déclaration officielle du genre : « Vous êtes des imbéciles. De quoi je me mêle ? Sortez du tableau. »

4

« LE COMMENCEMENT EST LA MOITIÉ DU TOUT »

Pour raconter cette journée londonienne nous avons interrogé tous ceux qui se trouvaient alors dans la capitale britannique.

Le côté piquant de cette enquête, c'est d'entendre la même histoire racontée différemment par chaque témoin. Chacun tente de se donner le beau rôle et de tirer la couverture à lui. « J'ai alors décidé que l'on procéderait par écrit et directement en anglais. » Combien nous ont affirmé être à l'origine de la grande idée ? Quasiment tous, Palestiniens comme Israéliens, figures mondialement célèbres ou conseillers discrets, terroristes rangés et vieux renards de la politique.

L'unanimité se fait pourtant dans les deux camps et leurs sous-groupes sur le rôle capital de Yaïr Hirschfeld. Il aurait, le premier, à lui seul, déclenché le processus.

Le commencement vaut la moitié du tout, dit-on. Aussi pour mieux comprendre sommes-nous partis faire la connaissance d'Hirschfeld. Il enseigne à l'université de Haïfa. Pour des raisons de santé, il vit dans un village, à trente kilomètres au sud.

L'endroit n'est pas d'accès aisé. Même en Israël, peu de gens connaissent ce point perdu entre Haïfa et Nazareth.

Au bout d'une heure d'embouteillages sur une route surchauffée, le taxi refuse d'aller plus loin et nous aban-

donne. Nous continuons en car. Nous nous serrons sur des banquettes chargées de voyageurs endormis et transpirants, et de permissionnaires, la mitraillette sous le bras. Nous descendons enfin à la station d'essence de Ramat Ishaïe. Derrière, une rue unique bordée de pavillons, une fabrique de pneus et rien d'autre. On se croirait dans Bus Stop, *l'odeur de fuel et de caoutchouc en plus. Personne ne sait où se trouve la rue Yasmine que le professeur Yaïr Hirschfeld nous a indiquée. Personne non plus n'a entendu parler de lui. Pensant réveiller l'attention, nous expliquons avec un brin d'agacement qu'il s'agit de l'homme à qui l'on doit les accords de paix. Haussements d'épaules. Nous finissons par lui téléphoner. Il vient nous chercher au volant d'une vieille Peugeot. Il a un regard étonné dans une tête ronde, quelques touffes de cheveux en bataille sur un crâne dégarni... et pas de chaussures.*

Sa famille ne semble pas prêter une attention démesurée au fait qu'on parcoure plusieurs milliers de kilomètres pour recueillir son récit des faits. Sa femme passe sans même dire bonjour et ses deux fils adolescents qui regardent la télé dans une pièce voisine baissent le son à contrecœur. Nous nous sentons de trop, sauf pour Yaïr Hirschfeld qui paraît ravi de partager l'histoire de ses cinq mois de négociations avec l'OLP. Il rajuste aimablement sur la table où nous nous installons une nappe tachée de graisse.

Il parle longuement, puis nous lui racontons quelques histoires qu'il écoute non sans plaisir : il s'esclaffe à l'énoncé de nos échecs.

Lui, il a réussi. « Grâce à sa naïveté agressive », d'après Yossi Beilin, le vice-ministre des Affaires étrangères. Grâce à une idée simple, en fait. Yaïr Hirschfeld est le véritable inventeur de la méthode qui a fait le succès d'Oslo, la négociation par écrit, que les uns et les autres revendiquent maintenant qu'elle a abouti.

Partant du principe qu'ils se trouvaient tous dans le

même bain, il a orienté les travaux sur les intérêts économiques communs de la région et non sur la politique. Ils ont réfléchi ensemble sur la meilleure manière de se partager l'eau ou de favoriser le développement plutôt que d'édifier des théories globales.

Yaïr Hirschfeld est d'origine viennoise. Ses parents ont fui les nazis en 1938 jusqu'en Nouvelle-Zélande, où lui-même est né en 1939, à Wellington. Dix ans plus tard, la guerre passée, ses parents sont convaincus que l'Autriche a changé. Ils rentrent à Vienne avec leur fils. Le jeune Yaïr devient sioniste, il passe son adolescence dans le mouvement de jeunes Juifs de gauche Ashomer Atzaïr. Sa future femme Ruth en fait aussi partie.

Elle est en réalité tout à fait chaleureuse. Après notre visite dans leur petit village israélien, nous revoyons les Hirschfeld à Paris. Il rentre de Tunis où il a rencontré Arafat pour la première fois. Elle nous avoue en souriant :

– Pardon, pour l'autre jour. Vous arriviez au mauvais moment, nous venions de nous disputer...

Le professeur sourit à son tour et confirme, content et gêné comme un adolescent. Il nous raconte qu'après la guerre des Six Jours, Ruth et lui ont obtenu chacun une bourse d'histoire à l'université de Jérusalem. Yaïr Hirschfeld se consacre à l'histoire de l'Iran.

– Cela m'a fort servi pour négocier avec les Palestiniens, précise-t-il, et il rit d'une voix de fausset en se tortillant tel un gamin.

Dans les années 1970, la télévision autrichienne lui demande de commenter les événements d'Iran. Le chancelier autrichien Bruno Kreisky, d'origine juive, le remarque, l'invite à Vienne, le charge de lui organiser des contacts avec des Palestiniens de l'intérieur. Et comme Kreisky est un ami de Pérès... Ces efforts de rapprochement prennent fin en 1982 lorsque Kreisky demande que le parti travailliste israélien soit exclu de l'Internationale socialiste. Tout s'arrête entre Kreisky et Pérès, mais l'action de Hirschfeld continue.

5

LE « VIEUX » DANS L'IMPASSE

En juillet 1982, Yasser Arafat ne devra la vie sauve qu'à son ennemi juré, le ministre israélien de la Défense, Ariel Sharon. Encerclé avec ses forces par Tsahal, l'armée israélienne, dans Beyrouth, il est repéré par un commando israélien qui a pu s'infiltrer à proximité. Un tireur d'élite le tient en joue dans la lunette à infra-rouge de son fusil. A cet instant, le chef de l'OLP est une cible parfaite, un homme mort. Mais le soldat ne presse pas sur la détente. Les consignes qu'il a reçues, lui et ses compagnons, sont strictes : Ariel Sharon exige d'être prévenu dès qu'Arafat aura été localisé.

Un message codé est immédiatement transmis par radio au quartier général. Sharon, présent, fait répondre : « Ne tirez pas, attendez mon arrivée. » Pendant vingt minutes, l'homme au keffieh va rester dans le viseur des membres du commando. Quelques minutes à peine avant l'arrivée du ministre israélien, il disparaît de leur vue. Sharon est fou de rage :

– Je voulais, confiera-t-il plus tard, l'abattre moi-même.

La balle qui aurait foudroyé le leader palestinien aurait-elle enrayé tout processus de paix ? Il est vain de spéculer sur le passé mais l'anecdote révèle à quel point Arafat est un « survivant perpétuel ».

En 1967, au lendemain de l'écrasante victoire israélienne, lors de la guerre des Six Jours, il échappe à l'arrestation et réussit à fuir la Cisjordanie, déguisé en vieux berger puis en femme enceinte.

Un an plus tard, en juillet 1968, il est élu président de l'OLP.

Le 24 août 1970, Gamal Abdel Nasser, malade, le reçoit au Caire :

– Pensez-vous, lui demande le leader égyptien, que la résistance palestinienne soit capable à elle seule de libérer les territoires occupés et Gaza ?

– Non, lui répond le chef de l'OLP, pas même dans trente ans.

Il marque une pause, puis ajoute :

– En revanche, elle est prête à affronter l'armée jordanienne.

Nasser est stupéfait de cette révélation :

– Vous songeriez à une telle hypothèse ?

– Oh, vous savez, répond Arafat en souriant, je ne suis pas en mesure de contenir toutes nos organisations armées.

En réalité, il joue avec le feu et celui-ci sera à deux doigts de le consumer.

En Jordanie, les Palestiniens constituent un véritable pouvoir parallèle qui menace l'autorité du roi Hussein. Le souverain hachémite redoute d'être renversé. Le 24 septembre 1970, il lance ses blindés à l'assaut des positions palestiniennes, violemment pilonnées. Les combats meurtriers de « Septembre Noir » feront près de dix mille morts dans les rangs des Palestiniens, qui doivent fuir au Liban.

Arafat, recherché par Hussein, ne devra son salut qu'à l'intervention du Premier ministre tunisien et du prince héritier du Koweït. Les deux hommes donnent l'ordre à leurs ambassadeurs de déguiser le chef de l'OLP en diplomate koweïtien et de l'accompagner jusqu'à un avion en partance pour Le Caire.

A Beyrouth, où il s'est installé, Yasser Arafat va reproduire les mêmes erreurs qu'en Jordanie. Les Palestiniens constituent peu à peu un État dans l'État libanais. Une situation lourde de conséquences mais dont Arafat ne semble pas entrevoir les dangers, tout occupé qu'il est à savourer ses succès. Le début des années 1970 marque l'« âge d'or » de l'OLP. Les millions coulent à flots dans les caisses de l'organisation. La « cause palestinienne », malgré les détournements d'avions et les attentats, devient un combat romantique aux yeux d'une partie de la gauche européenne et américaine. « Progressiste et anti-Occidental », en réalité pragmatique mais soutenu par Moscou, Arafat met à profit ces années pour concentrer entre ses mains les leviers de décisions. Commandant en chef de forces estimées à quinze mille hommes, il est également président de l'OLP et du Fatah. Autocrate aimant dire « c'est moi qui décide », il se plaît à définir l'OLP comme une « organisation démocratique ».

Un responsable qui démissionna de toutes ses fonctions au sein de l'organisation déclarera :

– La démocratie à la mode palestinienne, c'est le choix de discuter de tout et de rien, et finalement Arafat fait ce qu'il veut.

Lorsqu'il quitte le Liban le 30 août 1982, à bord d'un ferry baptisé *Atlantis*, la plupart des chancelleries du monde le considèrent comme politiquement mort. Exilé sur les rivages de Tunis, loin des territoires occupés, il a cinquante-quatre ans. Au fil des années, l'OLP devient un véritable orphelin politique. Au sein du monde arabe d'abord, qui se désintéresse de plus en plus du sort des Palestiniens. Lors du sommet d'Amman, il faudra une intervention de dernière minute du délégué libyen pour que la résolution finale mentionne le problème palestinien.

Sur la scène internationale ensuite : l'effondrement

de l'Union soviétique et des régimes communistes d'Europe de l'Est prive l'OLP de ses principaux appuis diplomatiques, financiers... et militaires.

En 1988, Arafat, reconnaît implicitement le droit d'Israël à l'existence et affirme, en mai 1989, que la Charte de l'OLP, qui prévoit la destruction de l'État hébreu, est « caduque ». Le gouvernement du Likoud, dirigé par Itzhak Shamir, reste de marbre et poursuit son rêve d'un « grand Israël ».

La fin du communisme coïncidera avec l'aveuglement d'Arafat se rangeant aux côtés de Saddam Hussein durant la guerre du Golfe. L'Arabie Saoudite et le Koweït qui allouaient chaque année plusieurs centaines de millions de dollars à la Centrale palestinienne interrompent leurs versements. La crise financière accentue les fissures politiques au sein d'une organisation en perte d'influence. Les années ont passé et l'amertume a grandi.

Lorsque la conférence de Madrid sur le Proche-Orient s'ouvre, le 30 octobre 1991, Arafat doit accepter une nouvelle humiliation, définie par un responsable américain comme une « fiction polie ». L'OLP ne sera pas représentée officiellement à la table des négociations. La délégation jordano-palestinienne spécialement formée pour l'occasion intégrera des Palestiniens de l'intérieur.

Peu importe que ceux-ci effectuent de fréquents vols de nuit jusqu'à Tunis pour aller chercher leurs instructions, ou que l'interlocuteur de Shamir, à Madrid, soit Haïdar Abdel Chafi, le représentant de l'OLP à Gaza et un des fondateurs du mouvement. Aux yeux du gouvernement de Jérusalem, la fiction est maintenue : pas de dialogue avec l'OLP. La situation s'éternise et s'enlise, malgré la violence d'une Intifada qu'Arafat s'est révélé incapable de prévoir.

Shamir confie en privé qu'il est prêt à faire « traîner les discussions dix ans ». Insensiblement pourtant, les positions vont évoluer. L'opinion israélienne est lasse de la guerre et Arafat ne croit plus en l'option militaire. Il a vieilli et aux quelques intimes qui jouissent de sa confiance, il avoue : « Je crains de ne jamais être enterré sur la terre de mes ancêtres. »

Psychologiquement, aussi, l'homme est orphelin. Il a perdu ses plus proches compagnons. Abou Iyad a été assassiné par le groupe dissident Abou Nidal, et Abou Jihad, un des fondateurs du Fatah et de l'OLP, est tombé sous les balles d'un commando israélien qui a réussi à s'infiltrer jusqu'à l'intérieur de sa maison, à Tunis.

Protégé par des gardes du corps qui lui sont totalement dévoués, Arafat ne dort jamais deux nuits de suite dans le même lieu. Il vole avec ses propres pilotes sur des appareils empruntés aux gouvernements arabes. Le plan de vol et la destination sont gardés secret jusqu'au décollage.

En 1992, l'avion russe qui le transportait s'écrasa dans le désert libyen. Au moment du choc, les passagers entendront Arafat s'exclamer : « Je te rejoins Abou Jihad, je te rejoins. »

Politiquement, il s'appuie désormais sur une « garde rapprochée » de quelques hommes, tous issus de la deuxième génération du Fatah. C'est le cas de Mahmoud Abbas, appelé Abou Mazen, un ancien marxiste partisan d'une ligne dure et formé à Moscou, ou encore Yasser Abed Rabbo, autrefois membre influent du front démocratique de libération de la Palestine, un groupe marxiste très lié au Sud-Yémen et à la Corée du Nord.

Tous ont infléchi depuis leurs positions, convaincus de la nécessité d'un compromis avec Israël.

C'est également le cas de Bassam Abou Charif, proche de Georges Habache, qui perdra un œil et trois doigts en 1972, en ouvrant un colis piégé expédié par le Mossad.

Depuis, il ne cesse de plaider en faveur d'une paix avec Israël :

– Si Menahem Begin, qui à ses débuts a usé du terrorisme pour créer Israël, a été atteint ensuite par la grâce et a découvert les vertus de la paix, en signant un accord avec l'Égypte, pourquoi Arafat et ceux qui l'entourent ne seraient-ils pas en mesure de faire de même ?

Le temps n'a pas non plus effacé l'étrange fascination que le chef de l'OLP éprouve pour l'adversaire israélien. Avec ses visiteurs, il aime tracer un parallèle entre le destin dramatique du peuple juif et celui des Palestiniens. Ne se fait-il pas appeler le « Vieux », surnom donné au fondateur d'Israël, David Ben Gourion, le seul homme d'État, avec de Gaulle, auquel il voue une admiration totale.

« Pourtant le principe “ aime ton voisin comme toi-même ” reste très difficile à appliquer dans cette région », comme l'écrit en boutade un écrivain israélien favorable à la paix. Quarante-cinq années de meurtres, de violences et de destructions ont presque fini par convaincre chaque camp que l'autre n'a aucun droit à l'existence. Pendant des décennies, Arafat et les dirigeants arabes ne prononceront jamais le mot Israël. Lorsqu'ils doivent absolument nommer l'ennemi, ils se réfèrent à l' « entité sioniste ».

– A l'époque, reconnaîtra Hassan II, roi du Maroc, détruire Israël et jeter les Juifs à la mer arrivait en tête des aphrodisiaques politiques. Tout régime arabe qui se sentait chancelant ou qui postulait au leadership enfourchait la cause palestinienne dans ce qu'elle avait de plus radical, sans avoir pour autant le désir de faire aboutir les choses. Les Palestiniens ont été un alibi pour nombre d'aventuriers.

Du côté israélien, les préjugés et les crispations sont tout aussi paroxystiques. Golda Meir nie l'existence d'un peuple palestinien et Itzhak Shamir ira même jusqu'à déclarer à plusieurs reprises : « Ce sont des sauterelles, comparés à nous. »

A quatre-vingt-douze ans, le célèbre philosophe israélien Yeshayahou Leibovitz, dont les analyses d'une grande lucidité dérangent souvent, affirme :

– Notre problème, dans l'État d'Israël, ce n'est pas de libérer les Palestiniens, mais d'arriver à libérer les Israéliens de cette domination maudite reposant sur la violence.

Depuis sa création, en 1948, Israël n'a cessé d'être une citadelle assiégée, ou plutôt une « garnison-État », consacrant son intelligence et ses ressources, avec l'aide de gouvernements étrangers et des Juifs de la Diaspora, à maintenir et développer un potentiel militaire capable d'écraser ses ennemis. Itzhak Rabin sera un des premiers à entrevoir les limites de cette politique de force.

En 1987, lorsque éclate l'Intifada, la fameuse « révolte des pierres », il occupe le poste de ministre de la Défense. Il promet de mater la rébellion, au besoin « en brisant les os des manifestants ».

En février 1988, il confie à des proches :

– J'ai appris une chose ces derniers mois. Vous ne pourrez jamais gouverner par la force un million et demi de Palestiniens. C'est une leçon dont nous devrons tirer les conséquences.

En fait, les illusions se sont dissipées depuis longtemps. Après l'euphorie de la victoire éclair de 1967, la guerre difficile du Kippour, en 1973, a constitué la première lézarde dans le mythe de l'invincibilité israélienne.

En 1982, l'intervention au Liban révèle l'ampleur du malaise dans l'opinion israélienne. Celle-ci désavoue un gouvernement qui utilise l'armée pour des objectifs allant bien au-delà des stricts impératifs de défense.

L'explosion de l'Intifada, en 1987, démontre enfin la réalité d'une nation palestinienne.

La guerre du Golfe, en 1991, sera l'étape ultime. Les Scuds irakiens s'abattent sur Tel-Aviv et les Israéliens voient leur protection assurée, tant bien que mal, par les missiles Patriot américains. Plus aucun doute n'est permis : la diplomatie doit remplacer les options militaires. Personne ne devine encore que l'artisan de cette évolution, le seul homme en mesure de l'imposer, sera Itzhak Rabin.

A soixante et onze ans, celui-ci va arracher d'extrême justesse le leadership du parti travailliste à son rival de toujours, Shimon Pérès, au terme d'une bataille qui avivera encore l'animosité entre les deux adversaires. « La haine de Rabin pour Pérès, dira un de ses proches dans une demi-boutade, est presque aussi forte que celle qu'il éprouve envers Arafat. »

Né à Jérusalem de parents ukrainiens, qui appartiennent à l'« aristocratie » sioniste de gauche, Rabin s'engage à dix-huit ans dans les rangs du Palmach, une unité clandestine de choc. En 1964, il devient chef d'état-major et, en 1967, il conduit l'armée israélienne à une victoire éclair, qui permet à l'État hébreu de prendre le contrôle du Sinaï, mais surtout de la Cisjordanie et de Jérusalem-Est où se trouve le mur des Lamentations. Lorsqu'il se lancera dans la politique, après une carrière d'ambassadeur à Washington, de 1968 à 1973, il sera toujours perçu comme un « faucon ». L'homme est secret, peu loquace, au point que Nahum Goldman, le pétillant fondateur du Congrès juif mondial, lui lance un jour : « Froid comme tu es, je me demande comment tu as pu faire un enfant à ta femme. »

Shimon Pérès ne manque pas une occasion de le dépeindre comme un brute galonnée, s'attirant les répliques méprisantes de son rival qui ne lui pardonne pas de ne jamais avoir porté l'uniforme.

« C'est un esprit profondément conservateur mais nullement idéologue », disent la plupart de ceux qui l'ont approché. « Il n'est pas prolixe, quelques mots lui suffisent pour analyser une situation », ajoute Johan Jorgen Holst, le ministre norvégien des Affaires étrangères qui le rencontrera à plusieurs reprises au cours des négociations secrètes. Tout cela est exact, mais lorsque en juin 1992 Itzhak Rabin accède pour la seconde fois au poste de Premier ministre, il possède un atout que personne ne peut lui disputer.

Cet homme qui a conquis les territoires, en 1967, est en effet le seul en mesure de pouvoir les restituer. « La menace d'un nouvel holocauste si nous rendons ces territoires, déclare-t-il, est le ghetto verbal dans lequel l'Israël moderne s'enferme. » Pour Yaron Ezrahi, professeur de sciences politiques à l'université hébraïque de Jérusalem, « Rabin symbolise la transformation de l'Israélien, abandonnant son statut de soldat héroïque – une réaction à la passivité et à l'impuissance des Juifs durant l'Holocauste – pour s'engager dans la voie diplomatique et les compromis ».

Il a juste quelques années de moins que son prédécesseur, Itzhak Shamir, mais des huit Premiers ministres qui se sont succédé à la tête d'Israël, il est le seul à être né en Palestine. L'homme est un dur qui s'exprime sans ambages, et ses formules font mouche. Pour lui, les Israéliens vivant à l'étranger forment un « groupe de souffreteux » et les colons des territoires occupés des « bébés perpétuellement en pleurs ».

Interrogé un an plus tôt sur l'avenir de Gaza, il affirme qu'il rêve que ce « territoire soit englouti dans la mer ».

Impitoyable avec ses adversaires, il qualifie Yossi Beilin de « caniche de Pérès ». Il se fera violence pour nommer son rival ministre des Affaires étrangères, s'employant à le marginaliser au maximum. Pérès ne sera plus que le chef de file, amer, « du camp des colombes », un patron de la diplomatie dont le statut et l'autorité ont été si soigneusement réduits qu'il n'est même pas convié aux réunions avec les hôtes de marque, tel le secrétaire d'État américain Warren Christopher. A plusieurs reprises, il songe à démissionner, y compris en mars 1993, alors que les négociations secrètes se poursuivent en Norvège.

Au cours de sa campagne électorale, Rabin se donnait entre « six et neuf mois » pour sortir les négociations de paix de l'ornière où elles se trouvent. Il ne se doute pas encore qu'il devra, en fait, conclure une double paix, avec l'OLP bien sûr, mais également avec Pérès, qui lui fournira le « chaînon manquant ».

Le ministre des Affaires étrangères affirme depuis longtemps : « Notre problème, ce sont les gens. On ne peut pas discuter d'un territoire comme s'il était vide. »

Le vrai problème, pour Rabin, est d'identifier le bon interlocuteur. Il a la haute main sur le Mossad ainsi que sur l'Aman, le service des renseignements militaires, et le Shin Beit, chargé de la sécurité intérieure. Or les rapports qui parviennent sur son bureau, rédigés par ces deux organisations infiltrées dans les territoires occupés, sont alarmants.

Tous décrivent la montée en puissance des mouvements fondamentalistes Hamas et Jihad islamique, et l'effondrement, surtout à Gaza, de l'OLP. Le pouvoir et l'influence de la Centrale palestinienne sont totalement battus en brèche.

Le Premier ministre israélien se rappelle également sa longue conversation, quelques mois auparavant, avec Ezer Weizman, avant que celui-ci ne devienne le président d'Israël.

En 1967, le général Weizman était le commandant en chef de l'armée de l'air. « Dur parmi les durs », ce personnage volubile et chaleureux, le visage barré d'une moustache rousse, rejoindra en 1977 le gouvernement de Menahem Begin, au poste de ministre de la Défense. Il croit au dogme du « Grand Israël » et à une politique de force envers le monde arabe. Quant aux Palestiniens, il nie jusqu'à leur existence. La visite de Sadate à Jérusalem puis la signature des accords de Camp David vont ouvrir une brèche dans ses convictions. Mais le tournant décisif se situera quelques années plus tard. Son fils a été grièvement blessé durant la guerre de 1973 et son état incitera, peu à peu, Ezer Weizman à opérer un virage à 180 degrés. Il quitte le gouvernement et va militer inlassablement pour une paix avec les pays arabes et l'abandon des thèses extrémistes défendues par le Likoud. Il devient un véritable paria. Son téléphone est mis sur écoute, son courrier ouvert, ses voyages impromptus en Égypte, où il rencontre Sadate puis Moubarak, condamnés par les autorités. Il ne cédera jamais. Cet homme, petit-fils du premier président d'Israël Haïm Weizman, est habité d'une angoisse qu'il a voulu faire partager à Rabin, un compagnon d'armes qu'il connaît depuis des décennies.

– Plus le temps passe, lui a-t-il confié, et plus la marge de manœuvre d'Israël et les options dont nous disposons se réduisent. Nous pensions pouvoir négocier avec la Jordanie un règlement de la question palestinienne, maintenant c'est fini. L'OLP ne cesse de s'affaiblir et bientôt nous n'aurons plus comme interlocuteur que Hamas, financé et armé idéologiquement par les ayatollahs iraniens. Or Hamas ne veut pas négocier, il ne souhaite que la guerre sainte.

Rabin et le petit groupe de conseillers qui l'entoure observent avec inquiétude l'évolution du monde musulman : les fondamentalistes triomphent en Iran, au Soudan, en Afghanistan ; l'Algérie a basculé dans le chaos, l'Égypte, la Jordanie et même le Liban sont sérieusement menacés.

Au cours d'une réunion secrète du Conseil de défense, réunissant tous les chefs militaires et les patrons des services de renseignements, y compris

Shabtaï Shavit, le chef du Mossad dont aucun journal israélien n'a le droit d'écrire le nom, Rabin confie : « Le monde ne fait rien pour contenir l'Iran qui est aujourd'hui la principale source militaire, financière et idéologique de ces fanatiques. Ceci constitue une menace beaucoup plus grave que l'Irak car il ne s'agit plus d'un simple pays essayant d'en conquérir un autre mais d'une véritable entreprise de subversion, du même type que celle pratiquée jadis par les pays communistes. »

Les participants réunis dans une salle de réunion du ministère de la Défense, spécialement protégée pour échapper à tous systèmes d'écoute, avaient approuvé ces propos. Mais nul n'avait osé dire ce que chacun pensait : l'essor de Hamas dans les territoires occupés devait beaucoup à Rabin lui-même, ministre de la Défense. Il succédait à Moshe Arens, un brillant scientifique, qui avait développé l'industrie aéronautique israélienne.

« Arens, dira un de ceux qui ont travaillé à ses côtés, était le dernier colonialiste de ce monde. A propos des territoires occupés, il croyait vraiment que, si on donnait aux Palestiniens quelques jouets, des hochets, ils apprécieraient l'occupation. » L'homme qui inspirait et exécutait cette politique au ministère se nommait Shmoulik Goren. Quand Rabin s'était installé dans son nouveau poste, il avait gardé Goren à ses côtés, en le confirmant dans ses fonctions. Au fil des mois, ce conseiller avait acquis une influence considérable.

Rabin détestait l'OLP et Goren l'avait convaincu qu'elle ne pouvait être neutralisée que par un seul moyen : l'apparition d'une opposition islamiste qui, selon Goren, ne s'intéresserait qu'à la religion et n'éprouverait aucun intérêt pour la politique. « Goren et Rabin ont entrepris de construire cette opposition radicale », nous dira un de ceux qui ont été associés à cette manœuvre.

Dan Kurtzer, qui deviendra le conseiller diplomatique de James Baker, puis de Warren Christopher, sera le témoin inquiet de cette manipulation.

A l'époque il est en poste à l'ambassade des États-Unis à Jérusalem, en charge des territoires occupés. Il confie à un des proches de Rabin :

– Mesurez-vous ce que vous êtes en train de faire ? Vous créez un mouvement de musulmans fondamentalistes pour faire contrepoids à l'OLP. Vous êtes en train de faire sortir le diable de la bouteille et vous ne pourrez plus jamais la remplir à nouveau. C'est cela votre politique ?

Les événements finiront par déjouer les calculs de ceux qui ont tenté de les forcer. Le Premier ministre israélien n'aurait jamais pu imaginer la débâcle financière où se trouve plongée l'OLP au lendemain de la guerre du Golfe. Privée du soutien de ses riches créanciers, l'organisation ne peut plus financer les écoles, universités, crèches, hôpitaux des territoires occupés. Fonctionnant, grâce à ces contributions, comme un véritable « État-Providence » à Gaza et en Cisjordanie, l'OLP versait aussi des pensions à des dizaines de milliers de familles de « martyrs de la révolution ». Cette manne brusquement tarie, Hamas va avantageusement se substituer à l'OLP, grâce aux fonds reçus d'Iran mais aussi d'Arabie Saoudite. La Centrale palestinienne dont le prestige a décliné est menacée de perdre sa clientèle et son influence.

Dès décembre 1992, sans le savoir, Yasser Arafat et Itzhak Rabin sont arrivés à la même conclusion : ils sont condamnés à s'entendre. Le constat, pour le chef de l'OLP, est angoissant : son organisation ne cesse de décliner, en tant que facteur régional, et son prestige personnel est profondément entamé.

De plus, ses relations avec Fayçal Husseini et

Hanane Achraoui, les chefs de file des Palestiniens de l'intérieur, n'ont cessé de se dégrader.

Rabin, pendant des mois, tentera de court-circuiter la direction de l'OLP à Tunis et fera de ces deux leaders palestiniens ses interlocuteurs privilégiés, afin de débloquer le processus de paix. Sans succès. Plus tard exprimant sa déception en termes peu diplomatiques, Rabin déclarera :

– Ces gens-là sont incapables d'aller livrer les plats jusqu'à Tunis.

Il explique la pusillanimité des dirigeants de l'intérieur par leur crainte d'être désavoués, voire assassinés. « En réalité, dira un de ses proches, quand il a compris que cette option était vouée à l'échec, il est entré dans une de ses colères froides dont il a le secret et a lancé : " Ils ne sont décidément pas le genre de leaders à oser se tourner vers Arafat et lui ordonner : embrasse nos culs ! C'est nous qui avons le pouvoir et le leadership. " »

Hanane Achraoui, qui fut à l'origine du courroux de Rabin, fournit une analyse différente. Elle définit le Premier ministre comme « un homme très calme, très réfléchi et très dur », puis explique les tensions avec la Direction israélienne : « Les gens qui ont vécu sous l'occupation ont influencé la manière de penser et de travailler des responsables extérieurs de l'OLP. Nous avions une approche plus éthique et des principes d'organisation plus rigoureux.

« La plupart des dirigeants de l'intérieur occupaient des fonctions universitaires ou des professions libérales : les hommes politiques étaient minoritaires. D'une certaine manière, notre façon de négocier était plus en phase avec la réalité. Nous connaissions les Israéliens beaucoup mieux que les membres de la Direction, à Tunis, mais dans certains cas nous étions plus intransigeants qu'eux. Les seuls Israéliens qu'ils avaient rencontrés étaient des modérés favorables à un règlement ou à la paix. Nous, nous connaissions l'ensemble du tableau, nous avions l'expérience et la compréhension de la scène politique israélienne. Nous savions que nombre d'Israéliens, presque la moitié, sont des gens intransigeants. Alors nous devions être plus prudents.

« Mais, ajoute-t-elle, Arafat est un homme qui saisit les opportunités, qui a conscience des moments décisifs de l'Histoire. Je ne crois pas qu'il existe un politicien aussi rusé que lui. Il n'est pas du genre à s'asseoir et à travailler simplement sur un scénario, une étape, une position de négociation. Il saisit l'occasion et prend la décision politique qui s'impose. Ce qui a conféré cet élan et permis de bouger rapidement, c'est le fait que l'OLP rencontrait de sérieux problèmes : les institutions étaient en train de s'effondrer, les problèmes économiques s'accumulaient, les négociations de paix étaient dans l'impasse. Au fond, je me demande si Arafat n'était pas conscient que toutes ces difficultés conduiraient à l'issue logique que nous avons connue en août, avec la signature de l'accord. »

Rabin explique sa propre évolution en termes lapidaires :

– La paix se fait avec ses ennemis et non avec ses amis.

Nimrod Novik avance une thèse qui éclaire la psychologie de Rabin. Ce riche homme d'affaires israélien, au physique de playboy (dans sa jeunesse il aurait été mannequin aux États-Unis), est aussi l'homme des missions confidentielles. Il entretient des relations d'amitié avec de nombreux dirigeants arabes, notamment Hosni Moubarak. « Le plus grand défaut de Rabin, nous explique-t-il, est aussi son plus grand atout. Il possède un cerveau analytique et, à partir du moment où il s'est forgé une grille d'appréhension de la réalité, il n'y a plus chez lui aucune dissonance. Il ignore toutes les informations étrangères à ses idées, rejette toutes les données qui ne concordent pas avec sa structure mentale. Aucun changement ne devrait donc se produire chez lui. Mais si on retire une seule brique dans cette construction, en lui prouvant qu'elle est creuse, le changement qui s'opère est total. Il détruit toute la structure existante et recommence à zéro. Bref, cet homme est à la fois le plus inflexible et le plus souple, capable lors d'une crise d'aller jusqu'au bout puis de reconstruire une nouvelle réalité. C'est cette révolution qui s'est opérée : il a fini par se dire : " Arafat, je ne le supporte pas, c'est un salaud, mais c'est tout ce qu'il y a. Je suis obligé de parler avec. " »

Novik ajoute :

– Dès 1990, Shimon Pérès avait perçu que la différence entre les gens de l'OLP, à Tunis, et ceux des territoires occupés était artificielle. Trois ans avant Rabin, il avait compris que rien ne pourrait se faire sans l'OLP.

Le plus troublant dans cette évolution est d'observer à quel point chacun des adversaires découvre peu à peu que l'autre est incontournable. L'évolution d'Arafat sera en tout point semblable à celle de Rabin, comme le confirme Hanane Achraoui :

– Dans mes discussions à Tunis avec lui, il me disait que le seul réseau de négociation qui pourrait aboutir serait celui où Rabin serait impliqué. Nous avions le sentiment que tout ce que Shimon Pérès pourrait accomplir d'important, de visionnaire ou d'idéaliste, n'aurait aucune crédibilité à moins que Rabin n'y soit mêlé. Je me souviens avoir dit, moi aussi : « Sans Rabin, rien ne marchera. »

Pourtant, en décembre 1992, celui que les Israéliens surnomment Monsieur Sécurité doit affronter une situation politique totalement bloquée. Ses promesses de relancer les négociations sont restées lettre morte et les rapports diplomatiques qui lui parviennent de Washington, où se tiennent les discussions bilatérales, sont accablants : rien ne bouge.

Un membre de la délégation palestinienne à Washington résumera la situation avec humour : « C'est très simple, tous les jours je mets un costume et une cravate, je me rends au Département d'État, j'écoute pendant une demi-heure des monologues, assis sur ma chaise. Puis je rentre à mon hôtel. La journée est terminée. »

Comment Itzhak Rabin aurait-il imaginé qu'au même moment, un obscur professeur dont il connaissait à peine l'existence pourrait, selon un de ses proches, « le sortir de l'impasse et fournir la solution à son problème. C'était surréaliste. Tant de gens dans un passé récent, Anglais, Hollandais, Suédois..., s'étaient proposé d'intervenir ou racontaient qu'ils avaient été à deux doigts de conclure la paix. Vous imaginez, le sujet est tellement " sexy " ».

Yaïr Hirschfeld était totalement étranger à tous ces calculs. « Il se dévouait constamment à cette cause, dira Novik, depuis tant d'années, tout seul en payant de sa poche, sans même une secrétaire. C'était un sacerdoce. Et, plus incroyable encore, tout ce qui s'est déroulé à Londres, puis à Oslo, fut vraiment le fait du hasard. »

6

NORVÈGE : LE PREMIER FACE-À-FACE

– Je me suis retrouvé seul, dans le froid, et, malgré le respect que j'avais pour les Norvégiens, je ne savais pas à quoi tout cela mènerait.

Yaïr Hirschfeld évoque avec humour le début des négociations en Norvège. « Je ne voulais pas me contenter d'une réunion avec Abou Ala. Je souhaitais pouvoir le rencontrer chaque fois que l'un ou l'autre le jugerait nécessaire. Et pour cela, j'avais besoin à la fois d'argent et d'un lieu. J'aurais pu demander aux Danois, aux Allemands, aux Français, à n'importe qui. Par chance, Larsen était à Londres le jour où j'ai rencontré Abou Ala. Je lui en ai parlé et il a immédiatement accepté. »

Ce que la presse mondiale décrira comme la « filière norvégienne » n'est en fait que le fruit d'une heureuse conjonction entre le hasard et l'activisme diplomatique d'un petit groupe au sein du gouvernement d'Oslo.

Le 10 septembre 1992, Yossi Beilin, promu trois mois auparavant numéro deux du ministère des Affaires étrangères, donne un dîner officiel en l'honneur de son homologue norvégien, Jan Egeland. Cet ancien journaliste de trente-cinq ans, spécialiste des questions humanitaires, a été en poste à Jérusalem en 1984. Il croit en un « modèle norvégien » capable de servir de médiateur entre les parties adverses. Pour lui, le Proche-Orient est un champ d'application idéal. En avril 1992, deux mois avant la victoire électorale des travaillistes israéliens, Egeland a eu un petit déjeuner de travail avec Itzhak Rabin, à l'ambassade de Norvège. Le futur Premier ministre n'est guère loquace, comme à son habitude, mais Egeland, forçant l'interprétation, ressort convaincu qu'il recherche un compromis avec les Palestiniens.

Lorsque, ce 10 septembre, le dîner s'achève, Egeland propose à Beilin de poursuivre la conversation à son hôtel. Il est plus de 22 h 30 et la nuit est tombée depuis longtemps sur Tel-Aviv. Trois autres personnes assistent à la soirée : Terje Rod Larsen, le directeur du FAFO, l'institut proche des syndicats, qui à la demande d'Egeland a effectué une étude sur la condition physique et psychique des Palestiniens vivant dans les territoires occupés, est accompagné de son épouse, Mona Juul, une jeune femme brune, experte au ministère des Affaires étrangères. Yossi Beilin, lui, a invité Yaïr Hirschfeld.

A bord de deux voitures, le petit groupe gagne le Hilton, situé en bord de mer, et s'installe dans la suite du secrétaire d'État norvégien.

A peine assis, Egeland déclare à Beilin :

– Je vous confirme que nous pouvons jouer un rôle et que nous sommes en mesure de l'assumer.

Yossi Beilin remercie mais semble hésitant.

Egeland ajoute :

– Vous n'ignorez pas que nous entretenons des liens directs avec la direction de l'OLP à Tunis, qui recherche un tel dialogue.

Egeland se gardera bien de préciser que Larsen, à l'occasion d'un voyage dans la capitale tunisienne, a « vendu » le même argument – nous avons d'étroites relations avec les travaillistes israéliens – à l'entourage d'Arafat.

Beilin, ce soir-là, n'est guère enthousiaste.

– Je ne peux pas, répond-il, rencontrer directement des responsables de l'OLP, notre législation, comme vous le savez, l'interdit toujours. En revanche, nous pourrions, avec votre aide, explorer plusieurs pistes à divers niveaux.

La réponse est on ne peut plus floue et diplomatique. Le Norvégien insiste.

– Pourquoi ne viendriez-vous pas chez nous rencontrer secrètement Husseini ?

Hirschfeld, assis à côté de Beilin, sursaute. La proposition d'Egeland reflète une grande naïveté et une méconnaissance profonde des réalités. Beilin et Shimon Pérès sont régulièrement informés de l'état d'esprit de Fayçal Husseini, chef de file des Palestiniens de l'intérieur, grâce aux contacts étroits et amicaux que Hirschfeld a noués avec lui.

De plus, cette proposition survient alors que les responsables israéliens ne se font plus guère d'illusions sur l'indépendance des Palestiniens de l'intérieur à l'égard de la direction de l'OLP à Tunis.

Jan Egeland et Yossi Beilin se séparent vers une heure du matin. Aucun engagement précis n'a été passé, contrairement à ce que les Norvégiens tenteront d'accréditer par la suite.

D'éventuelles rencontres OLP-Israël, à Oslo, ne constituent qu'une hypothèse improbable. En vérité, en ce mois de septembre 1992, du côté israélien, nul ne croit à l'utilité d'une filière norvégienne.

Beilin, en janvier 1993, laisse Hirschfeld s'envoler pour la capitale norvégienne, estimant lui faire une faveur. Il pourra, croit-il, discuter à loisir d'économie, son sujet favori, en laissant de côté les problèmes politiques cruciaux. Hirschfeld prendra tout le monde à contrepied en faisant exactement l'inverse.

Des années durant, les travaillistes avaient été taxés d'indécision. Hanane Achraoui, porte-parole de la délégation palestinienne aux négociations bilatérales à Washington, l'exprime de façon imagée :

« Je disais toujours : les travaillistes voudraient traverser un lac d'une rive à l'autre, sans avoir à sauter dans l'eau ni être mouillés. »

Partenaires pendant plusieurs années du Likoud, au sein d'un gouvernement d'union nationale, ils semblaient consacrer leur énergie à se maintenir au sein de cette coalition. Pourtant, quand enfin ils accèdent, seuls, au pouvoir, ils disposent, selon le roi du Maroc, d'un avantage essentiel par rapport à leurs adversaires de droite.

– L'intransigeance du Likoud, affirme Hassan II, pouvait s'expliquer par le fait que ce parti n'avait aucun lien, aucune attache avec le monde extérieur. Pour les travaillistes c'était différent. Pérès et Rabin appartenaient à l'Internationale socialiste qui fonctionnait comme une chambre de réflexion et parfois comme un censeur. Des gens pouvaient leur dire : « Vous vous trompez... » ou au contraire : « Nous sommes prêts à vous aider. »

Comme les Norvégiens.

Yaïr Hirschfeld débarque de l'avion, à Oslo, le 20 janvier, par un froid glacial. Il a sur lui, soigneusement pliée, une lettre l'invitant à participer à un séminaire universitaire sur les conditions de vie dans les territoires occupés. Il est accompagné de son ami et collaborateur Ron Pundik.

Un homme massif au sourire chaleureux les attend dans la salle d'arrivée. Choisi par Rod Larsen, il jouera le rôle officieux de chef du protocole. Mis dans la confidence, il se révélera au fil des mois un personnage indispensable pour régler les questions de logistique. C'est lui qui coordonnera les vols, les correspondances, les arrivées.

L'objectif est d'éviter d'attirer l'attention. Les visiteurs n'emprunteront jamais de véhicules officiels ni même de limousines, mais seulement des voitures de location et des taxis. Le véritable métier de cet homme, qui marche dans l'aéroport aux côtés d'Hirschfeld et de Pundik, est d'entraîner l'équipe féminine norvégienne de patinage de vitesse.

Les deux Israéliens s'installent à l'arrière d'une Volvo garée sur le parking. Ils vont rouler durant près de cent cinquante kilomètres, jusqu'à Sarpsbourg, petite ville industrielle au sud-ouest d'Oslo, non loin de la frontière suédoise.

A 21 heures ils pénètrent dans l'enceinte de la ferme de Borregaard. Cette maison imposante, à la façade blanche, est bâtie sur trois étages, au milieu de la forêt.

Les Norvégiens souhaitent que leurs hôtes se sentent à l'aise et se comportent comme de « véritables négociateurs et non de simples porte-parole ». Ils ont apporté un soin particulier à la décoration et à l'atmosphère. Des canapés sont disposés devant de grandes cheminées où crépitent des feux de bois. Les plans de table, pour les repas, ont été conçus de sorte que les convives puissent poursuivre les discussions en cours.

Hirschfeld et Pundik, de leurs chambres agréablement aménagées, peuvent entendre le bruit des animaux de la ferme. Ils ignorent que les Norvégiens, qui croient aux effets apaisants de la nature, ont pris soin de boucler les environs pour que Israéliens et Palestiniens puissent se promener en toute quiétude dans les sous-bois.

Officiellement, Borregaard abrite un groupe de chercheurs « un peu excentriques » travaillant à la préparation d'un livre sur le Moyen-Orient.

La délégation palestinienne arrive, elle, à 23 h h30. Elle a quitté Tunis au petit matin, via Paris et Vienne, pour brouiller les pistes.

Abou Ala, tout souriant, est accompagné d'Hassan

Asfour, et d'un troisième homme qui ne sera jamais mentionné dans les négociations. Il s'agit du docteur Mahar, un important financier palestinien qui sera présent à toutes les rencontres, jusqu'en juin.

Un incident qui aurait pu tout compromettre a retardé les trois Palestiniens. Sur la route d'Oslo à Borregaard, leur voiture a été arrêtée par une patrouille de police. Les papiers du véhicule sont soigneusement épluchés et le chauffeur doit se soumettre à un alcootest. Pourtant Abou Ala, qui voyage sous un faux nom, et ses compagnons ne sont pas contrôlés. Larsen et sa femme Mona Juul sont catastrophés par cet incident mais Palestiniens et Israéliens échangent des plaisanteries dans la salle à manger aux murs de bois peint. Pas une seule allusion à la politique ne sera faite ce soir-là.

Abou Ala semble disposer d'un stock inépuisable d'histoires drôles qu'il raconte avec talent. Le vin coule à flots, la nourriture est agréable et Hirschfeld, le professeur timide et sérieux, finit lui aussi par se piquer au jeu. Il mime Shamir, Bush et Gorbatchev, convoqués par Dieu. Yahvé leur annonce :

– Désolé, j'ai commis une erreur fatale. Dans deux semaines le monde explosera. Il faut prévenir vos peuples.

Gorbatchev et Bush , la mort dans l'âme, annoncent la mauvaise nouvelle. Shamir, lui, déclare aux Israéliens :

– J'ai deux bonnes nouvelles à vous annoncer. Primo, Dieu existe. Deuxième bonne nouvelle : je peux vous assurer qu'il n'y aura jamais d'État palestinien.

Abou Ala et ses compagnons éclatent de rire. Les conversations se déroulent en anglais. Les deux délégations se séparent vers 1 h 30 du matin, détendues, gagnées par la torpeur.

Le lendemain, les hôtes de Borregaard seront tirés de leur sommeil par le chant matinal d'un coq, dans la basse-cour attenante à la maison.

Sérieux et méthodiques, les Norvégiens ont prévu que cette journée du 21 janvier, qui marque le coup d'envoi des discussions, se décomposera en deux parties.

Hirschfeld, Pundik, Abou Ala et les deux autres responsables palestiniens sont rejoints, dès 9 heures, alors qu'ils prennent un petit déjeuner copieux à base de produits de la ferme, par le ministre des Affaires étrangères, Jorgen Holst, et sa femme Marianne Heiberg. Cette dernière travaille, dans l'institut de Larsen, sur les conditions de vie dans les territoires occupés.

A 10 heures, tous se dirigent vers une grande salle qui servira de lieu de conférences. Israéliens et Palestiniens se retrouveront quatorze fois en huit mois autour de cette imposante table en bois, recouverte d'une nappe blanche et entourée de chaises à hauts dossiers, au milieu d'une pièce aux murs sombres.

Holst, le ministre des Affaires étrangères, ouvre la séance en souhaitant la bienvenue aux participants puis dresse un tableau détaillé de la situation au Moyen-Orient et notamment du problème israélo-palestinien. Lorsqu'il achève son intervention, Abou Ala, Hirschfeld et leurs collaborateurs applaudissent poliment, persuadés d'en avoir terminé avec ces préambules protocolaires.

Mais la femme de Holst, Marianne Heiberg, prend alors la parole pour un long, très long exposé de plus d'une heure sur les conditions de vie en Cisjordanie et à Gaza.

Cette évocation fouillée, presque didactique, d'un sujet qu'ils connaissent beaucoup mieux que les Norvégiens, suscite dans les deux délégations un ennui poli.

– Nous n'étions pas très intéressés, dira Hirschfeld. Nous avons posé quelques questions, pour la forme, mais nous n'avons pas vraiment écouté.

La réunion à peine achevée, le ministre des Affaires étrangères, Jorgen Holst, s'éclipse, laissant sur place son adjoint Jan Egeland. Celui-ci, au terme du déjeuner, préside la première séance de travail. L'atmosphère conviviale de la veille a totalement disparu. Palestiniens et Israéliens se font face, le visage grave, parfois tendu. Les premiers échanges sont l'occasion d'une passe d'armes entre les deux délégations.

Abou Ala prend le premier la parole. Il ne s'exprime plus en anglais mais en arabe, et la traduction est assurée par Mahar, le financier. Cette méthode, ainsi que les termes choisis, vont conférer un ton beaucoup plus protocolaire, presque cérémonieux, aux échanges.

Le responsable palestinien remercie longuement les responsables de la diplomatie d'Oslo et évoque soudain « la Norvège qui a fait l'expérience douloureuse du joug nazi et qui a si courageusement résisté ».

Dans l'esprit d'Hirschfeld, Abou Ala établit un parallèle implicite entre l'occupation hitlérienne et la présence israélienne dans les territoires. Une comparaison intolérable pour le professeur d'Haïfa, hanté par le souvenir des six millions de morts juifs de la Deuxième Guerre mondiale.

Lorsqu'il s'exprime à son tour, sa voix laisse percer l'émotion :

– L'aide de la Norvège, dit-il, est importante pour nous parce qu'elle a connu la terrible expérience de l'Holocauste (près de 90 % des Juifs de Norvège périrent dans les camps de concentration) et qu'elle en conserve comme nous la mémoire.

Puis il s'adresse aux Palestiniens :

– La souffrance que nous avons en commun doit nous fournir les moyens d'un futur plus serein.

Un silence pesant règne autour de la table. Chacun semble renvoyé à ses vieux démons et à ses peurs. Soudain, Jan Egeland accomplit un acte psychologiquement habile : il se lève et quitte la pièce laissant les cinq hommes en tête à tête, sans témoins.

Il sait que, devant un tiers, aucun des deux camps ne peut donner l'impression de céder ou même d'assouplir ses positions.

– Les négociations d'Oslo, confiera un des protagonistes, ont abouti pour deux raisons. Il n'y avait pas d'intermédiaires écoutant, intervenant, suggérant, ce qui contribue toujours à compliquer les choses. Ensuite, l'effondrement de l'Union soviétique et la fin de la guerre froide avaient mis un terme aux pratiques clientélistes des grandes puissances incitant leurs alliés à la surenchère. Les petits adversaires se retrouvaient enfin seuls, face à face.

Comme à Borregaard.

Abou Ala rompt le silence. Toujours en arabe, il déclare aux deux Israéliens :

– Replonger dans l'Histoire nous prendra des années et, comme je vous l'ai déjà dit, vous ne pourrez pas plus me convaincre de votre bon droit que je n'y arriverai. Allons à l'essentiel, voyons où sont les difficultés et consignons-les par écrit.

– Je suis tout à fait d'accord, répond Hirschfeld. Parlons uniquement du futur et de la manière d'accéder à un accord. N'entrons pas dans une « victimisation comparative ».

Mahar, le traducteur palestinien, éprouve quelques difficultés à traduire en arabe cette formule d'Hirschfeld. Quand il trouve enfin les mots justes, Abou Ala opine de la tête.

– Absolument, et plus tard, si nous progressons, nous pourrons élaborer une déclaration de principes ou quelque chose d'équivalent.

– Nous avons une formule en hébreu, reprend Hirschfeld, qui est *takhlès*, ce qui veut dire « parlons », mais « parlons affaires ».

Pour Ron Pundik, présent à ses côtés, cette formule proposée par Hirschfeld ne pouvait tomber plus juste :

« Il était clair qu'il ne s'agissait pas de réunions où l'on échangerait seulement des arguments. L'OLP était vraiment venue pour parler affaires avec Israël. Le message était sans équivoque pour nous. »

Pourtant, chaque camp négocie dans la crainte.

Le 19 janvier, la veille de l'ouverture des discussions en Norvège, la Knesseth, le Parlement israélien, abroge la loi qui interdit les contacts entre les Israéliens et l'OLP.

A Jérusalem, c'est un demi-soulagement pour Yossi Beilin, car, si on découvre l'existence de cette filière norvégienne, il sera facile de démontrer qu'elle a été activée avant la levée de l'interdiction.

Pour les Palestiniens, les choses sont encore plus délicates. Depuis que Rabin a déporté, le 4 décembre dernier, 415 militants de Hamas, un vent de crise souffle sur l'OLP. Malgré les graves divergences existant avec les islamistes, nombre de sympathisants et de cadres de la Centrale palestinienne exigent de leur direction une solidarité sans faille avec les bannis.

Les membres de la délégation palestinienne aux négociations de Washington refusent de reprendre le chemin de la capitale américaine, pour marquer leur désapprobation devant l'intransigeance israélienne. Dans un tel climat, la moindre information filtrant sur le voyage d'Abou Ala à Oslo constituerait une catastrophe politique pour Arafat.

– Notre soutien aux déportés est total, déclare le chef du département économique de l'OLP. Vous êtes exactement en train de refaire ce que vous aviez accompli en 1948, lorsque Israël avait massivement expulsé les Palestiniens.

– Il est impossible, répond Hirschfeld, d'engager un processus de négociations, si quelqu'un le sabote et commet des actes terroristes.

Là aussi le dialogue de sourds est total.

Pourtant, dans la pièce de plus en plus enfumée – Abou Ala grille cigarette sur cigarette –, quelque chose est en train de se passer. La tension retombée, chaque délégation s'exprime sur un mode dépassionné, presque clinique, mettant à plat les problèmes. Peu à peu, une véritable méthode s'esquisse.

– Au début, nous dira Pundik, nous n'avons pas parlé de territoires, mais seulement évoqué la façon d'accéder à un accord. Le message était clair : nous voulions aboutir à un accord.

La première séance se termine tard dans la soirée. Hirschfeld dit à Abou Ala :

– Nous en sommes à l'enquête. Nous avons exploré les différentes possibilités, ce qui peut être fait pour réussir.

Les échanges entre les deux délégations constituent un étrange catalogue, une véritable énumération à la Prévert, où l'impensable côtoie le réalisable et où l'on pratique l'approche graduelle des problèmes.

Hassan Asfour et Mahar, les deux adjoints d'Abou Ala, interviennent peu. Asfour ne cesse de retranscrire les échanges, Pundik pianote sur son ordinateur portable.

Au terme de cette soirée du 21 janvier, les deux Israéliens ont la conviction que les hommes en face d'eux ont compris qu'Israël existe à jamais et que mieux vaut négocier que de continuer à combattre. « C'était un changement historique, nous confiera Pundik. Ils admettaient implicitement que la Palestine ne serait pas seulement palestinienne. »

Ils retirent de ces premiers échanges une autre impression, qui se révélera, elle, plus trompeuse : l'OLP serait disposée à discuter et même à négocier aux conditions israéliennes, alors que, selon Pundik, « ils voulaient jusqu'ici discuter à leurs conditions. »

La réunion levée, le climat détendu qui régnait au début se réinstaure spontanément. Assis devant la télévision, une bouteille de brandy et des tasses de café disposées devant eux, les cinq hommes commentent les programmes ; les commentaires salaces fusent à propos d'une jeune beauté entrevue sur le petit écran.

Ces hommes, que tout séparait, se laissent aller aux confidences, se dévoilent. L'autre devient brusquement proche et humain, acquiert chair et relief. Il possède des sentiments, des peurs, des blessures parfois étrangement semblables à ceux que l'on ressent. Le passé, la trajectoire de chacun sont furtivement évoqués, au cours de longues conversations passionnées sur l'avenir du Moyen-Orient, qui sont autant de manières de cerner son propre destin.

Les deux délégations repartent dans la matinée du 22 janvier pour Oslo et s'installent à l'hôtel Continental où des chambres ont été réservées. Jan Egeland les rejoint pour une longue séance de travail. Il est frappé par l'optimisme qui règne dans les deux camps. Pendant deux heures et demie, enfermés dans une chambre d'hôtel, les six hommes vont dresser le bilan de tous les sujets abordés et des différences d'approche, de perception, qui peuvent exister. « Une minutieuse check list avant le décollage », nous confiera un des participants palestiniens. Egeland demande à ses hôtes :

– Souhaitez-vous poursuivre ces discussions ?

Hirschfeld caresse sa barbe, hoche la tête affirmativement.

Abou Ala prend la parole :

– Nous avons procédé à un échange de vues sur les points à approfondir. Nous nous sommes mis d'accord sur les titres. Il faut maintenant écrire les chapitres. La prochaine fois, j'apporterai des documents rédigés sur lesquels nous pourrons discuter.

Jan Egeland affiche un large sourire.

– Voulez-vous que nous arrêtions une autre date ?

En cinq minutes les trois parties se mettent d'accord sur le 12 février.

– Je voudrais aborder un dernier point avec vous, ajoute Egeland. Voyez-vous un inconvénient à ce que les Américains soient informés de l'existence de ces discussions et de leurs progrès éventuels ?

– Non, répond Hirschfeld, à condition qu'ils s'engagent à conserver un secret absolu.

Les Israéliens et les membres de l'OLP à peine partis, Egeland se rend à l'ambassade des États-Unis, située à cinq minutes à pied de son ministère. L'ambassadeur et ses proches collaborateurs, prévenus de sa visite, l'installent dans un bureau équipé d'une ligne codée. Le secrétaire d'État norvégien aux Affaires étrangères téléphone à Washington à un homme dont le nom de code, tout au long des négociations, sera « Didi ». Il s'agit en fait de Dennis Ross, ancien chef de la planification politique au Département d'État.

L'Administration Clinton, souffrant d'une grave pénurie d'hommes compétents dans le domaine de la politique étrangère, a recruté ce collaborateur de James Baker.

Ross, chargé de suivre le dossier du Moyen-Orient aux côtés de Warren Christopher, est un homme jeune et mince, au visage mobile. Ses épaisses lunettes lui donnent un air sévère. Il entretient d'excellentes relations avec les responsables des grandes organisations juives américaines, ce qui était un atout important pour Bush et Baker, considérés comme nettement moins favorables à Israël que leurs successeurs.

Ross avait su habilement « vendre » la politique relativement intransigeante de l'Administration républicaine à l'égard du gouvernement d'Itzhak Shamir. Il défend, désormais, une ligne déjà prônée par son ancien patron : pas de négociations avec l'OLP. Sa fermeté, qu'il a su faire partager à l'ensemble du Département d'État, se nourrit d'une certitude : les difficultés financières de la Centrale palestinienne la conduiront à terme à accepter n'importe quel règlement.

Ross reçoit l'appel d'Egeland, alors qu'il est en pleine réunion. Il rappelle quinze minutes plus tard et écoute, totalement sceptique, l'exposé détaillé que lui fait le Norvégien. Il répond poliment, ou plutôt diplomatiquement :

– C'est certainement très intéressant et nous suivrons ce processus avec sympathie. Mais, Jan, nous ne voulons en aucune manière y être impliqués.

« C'était, nous dira un de ses adjoints, une façon de botter en touche et de dire aux Norvégiens : " Revenez nous voir quand vous aurez quelque chose de sérieux à nous présenter, c'est-à-dire probablement jamais. " »

L'intransigeance de Ross sera une des grandes chances de la « filière norvégienne ». Le diplomate ne transmet même pas l'information à son « patron », le secrétaire d'État Warren Christopher. Pour lui, il s'agit d'une initiative sans importance, prise selon un de ses proches « par des intellectuels israéliens entretenant des liens étroits avec l'OLP. Nous ne prenions pas cette démarche au sérieux mais elle nous inquiétait sur un point : il existait aux États-Unis, comme en Israël, une loi interdisant les contacts avec l'OLP. Nous ne voulions pas qu'une telle affaire, à laquelle nous aurions été mêlés, sorte dans la presse et fasse échouer le processus de paix engagé. Nous avons donc maintenu un black out total ; par crainte, et non pour faciliter le déroulement des négociations ».

De retour à Tunis, Abou Ala s'entretient longuement avec le numéro deux de l'OLP, Abou Mazen, chargé de coordonner le dossier des négociations. Les deux hommes tombent d'accord pour poursuivre et approfondir les discussions. L'un et l'autre sont toujours convaincus, malgré les dénégations d'Hirschfeld et de Pundik, que Pérès et Rabin ont téléguidé l'opération. En réalité, seul Beilin, à Jérusalem, est tenu informé.

Dès son arrivée, Yaïr Hirschfeld lui rend visite. Beilin écoute sans réagir son exposé empreint d'optimisme et parfois de lyrisme, et demande :

– De quoi comptes-tu discuter lors de la prochaine séance ?

Hirschfeld se lance dans une énumération détaillée.

Beilin l'interrompt :

– Fais-moi un *frish mish*.

– OK, répond Hirschfeld en souriant. Je vais te préparer ton frish mish. Ce sera un excellent exercice intellectuel.

Cette expression argotique désigne le moment, à la fin d'une partie de bridge, où l'on bat les cartes avant de recommencer.

Hirschfeld s'enferme chez lui pendant quarante-huit heures, dans son modeste appartement de la banlieue d'Haïfa, veillé par sa femme.

Le troisième jour, il est de nouveau dans le bureau de Beilin et lui tend un document de cinq pages, à la fois une trame de travail et l'exposé de tout ce qui est négociable en vue d'un accord.

Le vice-ministre israélien des Affaires étrangères lit soigneusement le texte, puis le rend à son ami, en déclarant simplement : « Vas-y. »

Hirschfeld nous précisera : « Il n'a pas modifié un mot. » Pérès et Rabin ne sont toujours pas au courant.

Les deux professeurs bouclent à nouveau leurs valises, le 11 février, pour gagner la Norvège. La situation n'a cessé de se détériorer sur le terrain. La violence redouble dans les territoires occupés. Des Palestiniens, notamment plusieurs enfants, sont abattus par l'armée, tandis que des Israéliens ont été poignardés dans les rues de Tel-Aviv. L'impasse paraît totale et « l'enlisement, selon un responsable israélien, préoccupant et dangereux ».

Exactement à la même époque, Hanane Achraoui séjourne à Tunis. La porte-parole de la délégation palestinienne aux négociations de Washington dîne un soir avec quelques amis appartenant à la direction de l'OLP. Au cours de la conversation, une des convives lui confie :

– A propos, Hanane, nous avons établi, avec les Israéliens, un réseau qui semble fonctionner très bien.

– Tant mieux, répond-elle, légèrement sceptique, j'espère que nous verrons les résultats.

Il ne lui vient pas un seul instant à l'esprit qu'il s'agit du dialogue Abou Ala-Hirschfeld, dont elle avait été l'initiatrice et dont elle n'a plus la moindre nouvelle.

7

LE BANQUIER DE L'OLP

La conversation avec un homme du Proche-Orient s'accompagne du cliquetis de ces courts chapelets que tous manient sans cesse. Celui d'Abou Ala est fait d'ambre vert. Il l'égrenait sûrement à Oslo aussi.

Souriant comme à son habitude, le Palestinien nous accueille dans son vaste bureau de Tunis. Comme Yasser Arafat, il laisse la télévision allumée, le son coupé, et on peut apercevoir les reflets d'un dessin animé. Les petits canards tressautent sur l'écran tandis qu'il précise la date d'une décision tactique.

L'application de l'accord fait surgir quantité de difficultés. La violence se réveille...

– On n'efface pas en quelques jours une ardoise de cinquante ans, dit-il. Je sais de quoi je parle, je suis banquier.

– Votre expérience professionnelle vous a-t-elle aidé au cours de la négociation avec les Israéliens ?

– Bien sûr ! répond-il en souriant encore plus. Nous, les deux négociateurs palestiniens, nous croyions chacun à un concept universel. Moi, au capital et à l'argent. Hassan Asfour, communiste, à la lutte des classes. Heureusement ! Imaginez, face aux Isréaliens, deux nationalistes palestiniens qui n'auraient eu pour objectif que de contrôler un maximum de kilomètres carrés ! Aucun accord n'aurait été possible. Oui, mon métier m'a été

utile. Un banquier sait faire la différence entre les questions pratiques et l'idéologie.

Abou Ala attire la sympathie avec sa tête ronde et chauve, son regard pétillant, ses gestes larges et calmes, son sourire.

Yoël Singer qui débattait avec lui en Norvège porte ce jugement : « Abou Ala m'a fait une forte impression. J'ai eu affaire à un homme pragmatique et sincère, cela se sentait malgré les ruses que nous avons déployées les uns et les autres pour nous tester. »

Nous demandons à Abou Ala s'il a déjà visité Israël.

– Non, répond-il, je suis seulement allé dans mon village près de Jérusalem, Aboudis, pour voir mes parents, en 1968. Je venais d'Arabie Saoudite. A cette époque, j'ai décidé de rejoindre l'OLP.

– Pourquoi en 1968 ?

– Parce qu'ils avaient besoin de moi. Ils venaient juste de comprendre qu'il n'y avait pas d'avenir sans projet économique. C'est moi qui ai monté la section économique de l'OLP.

Pendant un bon moment, Abou Ala, exalté, nous brosse le tableau du futur développement de la région. Un centre financier, une université, les possibilités industrielles, élites, les investissements des grandes puissances...

– Connaissiez-vous des Israéliens avant Oslo ?

– Non.

– Êtes-vous devenus amis ?

– Nous avons appris à nous respecter mutuellement, c'est déjà beaucoup, répond-il en remuant de plus belle son précieux chapelet vert. Pour votre livre, je vous souhaite le succès, il faut que tout le monde connaisse cette aventure. Quand j'y pense, quelle leçon !

Au moment où nous quittons Abou Ala, voici sur l'écran de sa télévision muette Charlton Heston en Moïse dans Les Dix Commandements, *de Cecil B. DeMille, sous-titré en arabe. Une autre leçon...*

8

L'OPTION JÉRICHO

Le 12 février fut un jour clé. A 11 heures, les deux délégations prirent place à nouveau dans la grande salle de réunion de Borregaard. En raison du temps gris régnant à l'extérieur, les lustres imposants étaient allumés. Abou Ala et Hassan Asfour disposèrent devant eux plusieurs dossiers, en tirant sur des cigarettes.

– Franchement, leur lance Hirschfeld avec un large sourire, si nous parvenons à un accord, il faudra ajouter un article supplémentaire qui interdise de fumer durant les négociations.

– Je suis sûr, lui répond Abou Ala, que vous serez gagné à notre vice avant la fin des rencontres.

Il s'arrête, intrigué. Hirschfeld ne l'écoute pas, absorbé par la lecture de quelques feuillets. Au bout de plusieurs minutes l'Israélien lève les yeux et tend le texte au Palestinien.

– Voici le document que nous avons élaboré. Il n'a rien à voir avec Pérès ni Rabin. Il ne concerne pas le gouvernement israélien mais il a trait aux négociations en cours, aux questions dont nous discutons. Si vous le transmettez à votre direction, à Tunis, nous verrons ensuite ce que nous pourrons faire.

Tandis que Abou Ala tourne, à son tour, les pages, concentré, Asfour et Mahar, ses adjoints, échangent un regard perplexe.

« Toutes ces minutes, dira Hirschfeld, furent un moment de forte tension. »

Le chef du département économique de l'OLP, sa lecture achevée, se lève de table en déclarant :

– Nous allons avoir besoin d'un long moment pour l'examiner.

Les Palestiniens quittent la pièce et s'enferment dans leurs chambres, puis dans un salon d'où ils peuvent téléphoner. Hirschfeld et Pundik, nerveux, font les cent pas dans les couloirs ; Marianne Heiberg, la femme de Holst, omniprésente en coulisse, leur suggère d'aller marcher dans la campagne. Sur le chemin, glissant sur des plaques de neige verglacées, Hirschfeld et Pundik agitent désespérément les bras pour garder l'équilibre.

Abou Ala, lui, est plongé dans une longue conversation avec Abou Mazen, à Tunis. Elle durera plus d'une heure et demie. Il détaille le plan d'Hirschfeld.

Le numéro deux de l'OLP est partisan de continuer. Il a des idées très précises sur les contre-propositions palestiniennes qui pourraient être avancées au cours des discussions.

– Faut-il en parler au « Vieux » ? demande à un moment Abou Ala.

– Ne t'inquiète pas, répond Abou Mazen, je le ferai.

Le « Vieux », Yasser Arafat, a l'habitude de travailler tard dans la nuit, et vient juste de se lever. Il est en train de prendre son petit déjeuner, à base de cornflakes. Abou Mazen ne juge pas utile de le déranger. « Autant attendre, pense-t-il, le résultat des discussions. »

Quand Hirschfeld et Pundik reviennent à Borregaard, les Palestiniens sont toujours absents. Abou Ala s'est isolé avec ses collaborateurs pour mettre au point les détails de sa réponse. Quand les deux délégations se retrouvent, plus de trois heures se sont écoulées.

– Professeur, déclare Abou Ala, allons maintenant plus avant.

Il s'est exprimé cette fois directement en anglais, sans passer par son interprète.

Israéliens et Palestiniens vont alors véritablement s'immerger, pour une interminable plongée au cœur du dossier le plus complexe et le plus passionnel de l'histoire diplomatique contemporaine. Au fil des heures, les vestes tombent, les cravates sont retirées et les cinq hommes, en manches de chemise, sont accoudés autour de la table.

Les négociateurs conviennent qu'il faut d'abord parvenir à une déclaration de principes avant de songer à franchir une étape ultérieure.

– Nous devons sauter le pas pour parvenir à un accord, déclare Hirschfeld. Et maintenant, nous avons une méthode.

– Exact, ajoute Abou Ala, il faut franchir le Rubicon.

Chaque problème est disséqué par les deux camps, qui exposent à tour de rôle leurs directives et leurs idées. Les discussions vont se prolonger tard dans la nuit, puis reprennent le lendemain dans la matinée. Les Palestiniens, habitués à veiller jusqu'à l'aube, sont parfaitement à l'aise. Hirschfeld et Pundik accusent le poids de la fatigue. Les cinq hommes ont bu de grandes quantités de café et mangé huit kilos de fraises. Abou Ala fascine Hirschfeld et Pundik. Il a toujours, posée à côté de lui, une boîte de friandises cubaines recouverte de slogans anti-américains, dans laquelle il pioche constamment pour en extraire du chocolat et des cacahuètes.

Les positions israéliennes s'articulent en trois points. D'abord celui de la « gradualité » : il n'est pas question, pour les territoires occupés, d'un transfert de pouvoir immédiat, mais d'une prise de contrôle progressive, dans les domaines de la santé, de l'éducation, des affaires sociales, du tourisme et des impôts directs.

Au cours des échanges, la création d'une administration de l'électricité est évoquée, de même que l'existence d'une organisation portuaire pour Gaza.

Le second point concerne justement Gaza. A aucun moment Jéricho n'est mentionné. En réalité, la bande de Gaza n'a jamais été un problème. Les Israéliens, tous gouvernements confondus, ont toujours rêvé de se débarrasser de ce territoire minuscule et sans ressources, véritable poudrière abritant plus de sept cent mille Palestiniens. Arafat avait promis que Gaza serait le « Soweto d'Israël ». La position du chef palestinien, selon Hanane Achraoui, a toujours été claire : « Il nous disait : si les Israéliens se retirent de Gaza, bien sûr nous devrons prendre ce territoire. Mais nous devrons avoir aussi la Cisjordanie et le droit de dire : c'est un tout. De n'importe quelle ville de Cisjordanie, ajoutait Arafat, je peux aller à Jérusalem. De Gaza, je ne le peux pas. »

Dernière ligne de force des discussions, la coopération économique entre la nouvelle entité palestinienne et Israël. Sur ce point, Abou Ala et Hirschfeld ont une approche trop semblable pour que puisse exister le moindre conflit.

En revanche, les échanges sont difficiles, parfois tendus, sur la question des futures élections, la législation qui sera en vigueur dans la zone d'autonomie, et, bien entendu, le statut de Jérusalem.

Lorsque les cinq hommes se séparent, au bout de deux jours et demi, une « enjambée importante » a été accomplie, selon un des participants.

En quittant Abou Ala, Hirschfeld lui déclare :

– Nous avons maintenant un consensus, nous pouvons aboutir à un accord. Je peux rentrer chez moi et travailler. Je ne sais pas ce qui arrivera, mais je sais que nous commencerons à faire quelque chose.

Ron Pundik, un garçon au tempérament plutôt

réservé, confie quelques heures plus tard à son compagnon, le visage rayonnant, les poings levés en signe de joie :

– Yaïr, je ne suis pas prophète, seulement historien. Mais je sens que notre filière est la bonne. C'est celle, j'en suis sûr, qui permettra d'aboutir à un accord. Après cette réunion, en écoutant leurs suggestions, j'ai eu l'intuition que quelque chose de grand va en sortir.

Jan Egeland, le secrétaire d'État norvégien, dans le compte rendu de la rencontre qu'il fera à l'Américain Dennis Ross, dira notamment : « J'ai acquis une certitude : Israël et l'OLP ne peuvent plus se permettre de poursuivre un conflit pendant encore une, deux ou trois années. »

Rentré à Tunis, Abou Ala, en compagnie d'Abou Mazen, aura deux longues réunions nocturnes avec Arafat, qui se révéleront décisives. Le chef de l'OLP est fasciné par le compte rendu du négociateur d'Oslo. Pour la première fois, les positions israéliennes et celles de l'OLP semblent pouvoir se rejoindre.

Le « Vieux », jusqu'ici, n'avait accordé qu'une attention distraite à la « piste » norvégienne. Il nous confiera plus tard, à moitié désabusé :

– J'avais, dans le passé, donné le feu vert à tant de dialogues avec les Israéliens. Aucun n'avait abouti. Pourquoi aurais-je dû croire davantage aux chances de celui-ci ?

A 4 h 30 du matin, au terme de la dernière réunion, Arafat a bouclé tous les détails d'un plan qui portera comme nom de code, « Taches de léopard ». La priorité, pour le chef de l'OLP, est de maintenir le secret absolu sur cette opération, au sein même de la Centrale palestinienne. Seule une poignée de conseillers sera dans la confidence. Il s'agit des hommes impliqués dans les négociations d'Oslo : Abou Ala et Hassan Asfour, mais aussi d'Abou Mazen, ainsi que de Yasser Abed Rabbo et Nabil Chaath, deux des conseillers personnels d'Arafat. En réunissant tous ces collaborateurs, celui-ci se montre inflexible : pas la moindre information ne doit filtrer. Un système de code, avec des surnoms pour désigner les responsables israéliens et leurs négociateurs, est mis sur pied afin de communiquer sans risques avec Tunis.

Arafat a un triple souci : éviter d'avoir à en référer au comité exécutif de l'OLP, dont plusieurs membres vivent dispersés au gré des capitales arabes, avec les risques de fuite que cela comporte.

Ensuite, écarter les membres de la vieille garde de ces négociations secrètes, pour les mêmes raisons. C'est le cas de Farouk Kaddoumi, ministre des Affaires étrangères en titre de l'OLP, et tenant d'une ligne dure. Kaddoumi entretient des liens étroits avec Damas et le président de l'OLP redoute qu'il fasse parvenir des informations à la Syrie.

– Si Hafez El-Assad apprend l'existence de ces contacts, dira-t-il à ses proches, il va s'employer à brouiller le jeu ou il cherchera à tenir un rôle beaucoup plus important.

Enfin, dernier point, il est essentiel pour Arafat que la délégation officielle palestinienne aux pourparlers de Washington ignore tout et fonctionne comme un écran de fumée. Les quatre-vingt-treize négociateurs, installés dans la capitale fédérale américaine, vont d'ailleurs recevoir des directives surprenantes de leur direction, transmises par Nabil Chaath : Arafat et Abou Mazen leur demandent d'adopter une attitude intransigeante et de rejeter toutes les propositions qui pourraient être avancées par Israël.

L'amertume de ces délégués sera totale lorsqu'ils découvriront la manière dont ils ont été manipulés :

– C'est plus que choquant, dira l'un d'eux. Nous servions d'entrée, pendant qu'Arafat dégustait ailleurs le plat de résistance.

Pour le président de l'OLP et Abou Mazen, l'autonomie de Gaza, proposée par les Israéliens, est en tous points semblable à l'offre qui leur avait été faite en 1978, après les accords de Camp David. Ils la jugent insuffisante. Arafat le dit à ses adjoints : « Nous avons besoin également d'une composante territoriale sur la rive ouest [la Cisjordanie]. C'est indispensable pour obtenir le soutien le plus large de nos frères vivant sous l'occupation israélienne. »

A ce stade des négociations, l'option « Jéricho » n'a pas encore été envisagée. Pour Arafat, un plan préparé par son numéro deux, Abou Mazen, prévoit un retrait militaire israélien, non seulement de Gaza, mais également de toutes les grandes villes palestiniennes de Cisjordanie, Naplouse, Ramallah, Bethléem, Jéricho et quelques autres localités. Ces zones d'autonomie ressembleront, sur une carte, à des taches de léopard, d'où le nom de code donné à ce projet. Pour Abou Mazen, le « modèle conceptuel » d'un tel retrait reste l'accord de désengagement signé en 1974 entre Jérusalem et Le Caire, marqué par un repli militaire israélien et un retour progressif des territoires à l'Égypte, ce qui permit trois ans plus tard à Sadate d'effectuer son voyage historique à Jérusalem.

En contrepartie, le chef de l'OLP se montre disposé à différer la date des discussions sur le sort de Jérusalem-Est, annexé par Israël mais que l'OLP a toujours considéré comme la capitale d'un État palestinien indépendant.

A Oslo, l'ambassadeur d'Israël et le délégué de l'OLP continuent de tout ignorer de ce qui se trame en Norvège.

En Israël, en revanche, le Mossad commence à s'intéresser aux déplacements réguliers des deux professeurs. Malgré les précautions qu'ils prennent, ils agissent avec un charmant amateurisme et les agents israéliens savent qu'ils se rendent en Norvège. Un bref rapport est transmis à Itzhak Rabin, qui ne réagit pas. En réalité, le Premier ministre n'accorde aucun crédit à cette initiative. Selon Nimrod Novik, « en général, Rabin est contre, non parce qu'il est réellement contre, mais parce qu'il ne croit pas que ce soit sérieux, ou qu'il y ait un interlocuteur valable. Il est sceptique et finit presque toujours par dire : “ Laisse tomber, cela ne tient pas debout. ” »

Cependant, au fur et à mesure que les mois passent, Hirschfeld et Pundik vivent dans l'angoisse que tout s'ébruite :

– Nous voulions terminer rapidement, dira Pundik, tant nous redoutions, si le moindre mot était révélé, que tout s'effondre. Que personne ne l'ait su, en Israël et à Tunis, tient du miracle.

Pour le rassurer et s'apaiser lui-même, Hirschfeld rétorquait à son ami :

– Si tu allais voir la presse pour leur raconter cette histoire, tout le monde sourirait et personne ne te croirait.

Mars et avril vont se révéler les mois de tous les dangers. Les deux Israéliens sont soumis à une tension de plus en plus forte et ressentent un isolement croissant. A chaque difficulté ou point litigieux, les Palestiniens s'interrompent pour en référer à Tunis.

– Nous étions seuls, dira Hirschfeld. A qui téléphoner puisque nous n'avions pas d'existence officielle et que le gouvernement n'était pas impliqué dans cette négociation ?

Rabin est indifférent et Pérès, rusé et prudent, n'est pas encore sorti des coulisses. Sur le terrain, chaque camp durcit le ton. La recrudescence des opérations terroristes conduit à une répression accrue.

Au même moment, Arafat, dans un entretien à Radio Monte-Carlo, tient des propos « totalement désastreux et destructeurs dans l'opinion publique et politique israélienne », selon Jan Egeland. Le secrétaire d'État norvégien ajoute : « Il avait notamment déclaré, évoquant l'État hébreu : “ Nous ferons brûler la terre sous leurs pieds. ” C'était perçu comme une incitation à la terreur. »

– En mars, nous confiera Hirschfeld, j'ai vraiment eu le sentiment que tout allait s'arrêter. Nous pensions avoir accompli un pas immense dans leur direction, mais ils ne donnaient pas l'impression d'avoir agi de même. Le terrorisme continuait et ils ne faisaient rien pour améliorer la situation.

Une nouvelle réunion débute le 20 mars. Les Israéliens commencent par un tête-à-tête avec Egeland et Larsen. Hirschfeld est terriblement tendu. Lui qui a si souvent rêvé à la paix, redoute qu'elle ne se dérobe une nouvelle fois devant lui :

– Si nous venons à ces réunions, dit-il au numéro deux de la diplomatie norvégienne, pour essayer de trouver un consensus et qu'ils continuent de semer la terreur sur le terrain, c'est perdu. Je ne peux pas continuer de faire pression sur mon entourage pour leur demander de faire des concessions. Cela ne marchera pas.

La situation à Borregaard est paradoxale, voire surréaliste. Israéliens et Palestiniens n'évoqueront pas une seule fois, en tête à tête, la violence et le terrorisme dans les territoires occupés. A l'écart du tumulte, on continue de tisser patiemment un à un les fils d'un projet d'accord. Mais, en coulisse, les responsables norvégiens s'activent. Ils parlent fréquemment avec Abou Mazen et Arafat, pour leur demander de calmer le jeu, en utilisant les noms de code choisis. Ils évoquent le « danger qu'il y aurait à mettre en colère l'autre grand-père », c'est-à-dire Itzhak Rabin, affublé ici du même sobriquet qu'Arafat. Pérès, lui, est surnommé le « père » et Yossi Beilin le « fils ».

L'Américain Dan Kurtzer arrive fin mars en Israël en visite privée, quelques jours après le retour d'Hirschfeld de Norvège. Celui que tous les protagonistes s'accordent à reconnaître comme le plus fin connaisseur des problèmes du Proche-Orient, au sein de l'Administration Clinton, ne téléphone qu'à un seul responsable politique : Yossi Beilin. Le vice-ministre israélien des Affaires étrangères évoque Oslo et les rapports détaillés que lui fait à chaque retour le professeur d'Haïfa. Beilin se prépare d'ailleurs à informer Pérès. Kurtzer téléphone à Hirschfeld pour demander à le rencontrer.

Ce dernier, quelque peu déprimé, se rend à Jérusalem. Les mots de l'Américain lui mettent du baume au cœur.

– Yaïr, vous avez obtenu à Oslo ce que vous auriez peut-être obtenu à Washington au bout de deux ou trois années de négociations. Les directives pour combler le fossé sont assez solides pour que les deux parties puissent continuer. C'est une carte d'une importance incroyable. Ne la laissez pas tomber.

« Ces propos, avouera Hirschfeld, ont eu sur moi un énorme effet psychologique. Je pouvais me tourner vers Beilin et Pérès et leur dire : “ Kurtzer, avec toute son expérience du Moyen-Orient, m'a dit de ne pas laisser tomber et de continuer. ” Ce fut un grand soutien et nous avons décidé de retourner en Norvège. »

Fin mars, Pérès commence à bouger. D'abord avec lenteur et circonspection. Il sait que le moindre de ses faits et gestes est épié par Rabin. Un responsable du renseignement israélien confiait en privé : « Itzhak Rabin est informé à deux reprises de chaque action de Pérès. D'abord par ce que lui en dit Pérès et ensuite grâce au rapport que lui adressent les services de sécurité. »

Le ministre des Affaires étrangères venait d'apprendre que les Palestiniens avaient averti Le Caire de l'existence de négociations en Norvège. Pour Hanane Achraoui, « les Égyptiens étaient dans la position unique de pouvoir parler avec tout le monde, mais ils voulaient aussi jouer un rôle important. Arafat et l'OLP ont toujours eu un fort parti pris égyptien dans les négociations. Ils considéraient que l'action du Caire pouvait être constructive ».

Le dilemme de Shimon Pérès était simple, ou plutôt il correspondait au jeu florentin et feutré qu'il avait l'habitude de pratiquer : conserver le contrôle total sur une négociation qu'il n'avait pas encore cautionnée. Il ne voulait pas donner l'impression de doubler Rabin, ce qui aurait été dommageable politiquement, mais il ne souhaitait pas non plus que la diplomatie égyptienne s'attribue un rôle qu'elle n'avait pas joué.

Deux semaines avant la visite de Rabin au Caire, il se rend en Égypte, à l'initiative de son homologue, Amr Moussa, qui organise la plus insolite des rencontres.

A Alexandrie, Pérès embarque à bord d'un Boeing 707 des forces armées égyptiennes... où sont déjà installés Abou Mazen et Abou Ala. L'appareil survole durant deux heures la mer Rouge, un espace d'exterritorialité parfait. Ce fut, pour Pérès, un extraordinaire cours de rattrapage. Quand l'appareil se pose il sait tout, dans les moindres détails, sur ce qui s'est discuté à Borregaard.

Habile et pragmatique, le chef de la diplomatie israélienne sent que jamais une discussion avec l'OLP n'a semblé aussi prêt d'aboutir.

Ses interlocuteurs palestiniens avaient insisté sur un point : ils entendaient que désormais un officiel israélien de haut niveau prenne le relais d'Hirschfeld et de Pundik. A ce stade des négociations, l'exigence semble légitime à Pérès. Maintenu en lisière par son éternel rival Rabin, il se voit tout à fait dans le rôle de « la personnalité israélienne engagée dans de délicates mais prometteuses discussions avec l'OLP ». Son image en sortirait grandie, son prestige rehaussé. Mais il fallait désormais aller vite. Tandis qu'il regagne Israël, Pérès discerne de mieux en mieux les cartes qu'il convient de jouer.

Dans les échanges avec les deux responsables palestiniens, il avait catégoriquement écarté un point : un retrait militaire israélien des grands centres urbains de Cisjordanie. L'opinion publique, la classe politique et les militaires, avait-il dit, n'admettraient jamais une telle exigence. Abou Mazen, voyant ainsi son plan « Taches de léopard » compromis, avait rétorqué : « Mais vous devez être conscient qu'il n'y aura pas d'accord possible si vous n'accomplissez pas un geste significatif à propos de la rive ouest [la Cisjordanie]. »

Pour Pérès c'est une évidence, mais il sait que Rabin ne la partage pas. Il s'agit de fournir à l'OLP un motif de satisfaction, à la fois symbolique et suffisamment circonscrit géographiquement. Le ministre israélien avait immédiatement songé à une vieille idée développée en 1974.

Les travaillistes étaient alors au gouvernement, avec déjà Rabin comme Premier ministre, Pérès occupant, lui, le poste de ministre des Affaires étrangères.

En gage de bonne volonté envers la Jordanie, il avait été envisagé un retrait unilatéral de Jéricho. Cette oasis de quinze mille habitants, située dans la dépression du Jourdain, n'abritait à proximité aucune colonie de peuplement juive. La ville, Pérès ne l'ignorait pas, revêtait aussi une dimension symbolique et historique. C'est à Jéricho, juste après la défaite des armées arabes face à Israël, en 1948, que les Palestiniens avaient décidé de s'unir à la Jordanie.

Le 1er décembre 1948, deux cents personnalités palestiniennes, représentant les principales grandes familles de Cisjordanie et de la bande de Gaza, s'étaient réunies à l'hôtel Nazzal pour voter une déclaration d'allégeance au roi Abdallah, le grand-père de l'actuel roi Hussein. En s'y installant, la direction de l'OLP donnerait l'impression d'effacer définitivement le passé.

Cependant, si l'idée était bonne, sa mise en application se révélait complexe. Shimon Pérès était certain qu'Arafat rejetterait une telle suggestion, si elle venait d'Israël. Au fil des jours, il conçut une tactique qui allait se révéler une subtile opération de manipulation.

A la mi-avril, le président égyptien Hosni Moubarak reçut un pli confidentiel transmis par Pérès. Il s'agissait d'un document de trois pages, ne comportant aucune signature, mais qui attira immédiatement l'attention du numéro un égyptien.

Le texte mentionnait en effet, pour la première fois, l'option Gaza-Jéricho.

« Dans ce document, selon Nimrod Novik, qui l'a eu entre les mains, tout était contenu, la description et la logique du concept, tant du point de vue des Israéliens que des Palestiniens. »

Quelques jours plus tard, Shimon Pérès se rend au Caire. Il rencontre son homologue Amr Moussa, et surtout il a un long tête-à-tête avec Hosni Moubarak. Dès le début de la rencontre, le chef de l'État égyptien, intrigué, évoque le texte qu'il a reçu.

– Oh, répond Pérès d'un ton dégagé, ce n'est qu'une hypothèse de travail.

Moubarak le fixe, perplexe.

– Pas plus ?

Les deux hommes devisent dans un des salons du palais présidentiel, donnant sur les jardins.

– Vous me demandez au fond, répond Pérès, si nous accepterions dans l'absolu d'accorder l'autonomie à Jéricho ?

– C'est exact.

Le chef de la diplomatie israélienne reste un long moment silencieux.

– Très sincèrement, monsieur le Président, je pense que oui.

Le mécanisme était enclenché. Moubarak prend immédiatement contact avec Arafat et lui demande de venir. Il met dans la confidence son conseiller spécial Osama El Baz, véritable éminence grise.

A soixante-deux ans, ce petit homme mince et vif en paraît à peine quarante. Il est brillant, paradoxal, capricieux et souvent provocant, cultivant son image du personnage inclassable.

Dès 21 heures, chaque soir, il s'évanouit dans la nuit du Caire et plus personne, pas même le Président, n'est en mesure de le joindre.

Personne ne connaît mieux que lui les méandres de l'univers politique israélien, jusque dans ses plus infimes détails. Osama El Baz, à ce titre, est un soutien diplomatique efficace pour les Palestiniens. « Il était probablement le seul, selon Novik, son interlocuteur privilégié, à pouvoir faire comprendre les limites du possible en ce qui concerne les positions israéliennes. Il possédait une grande crédibilité aux yeux de l'OLP tant il s'était fait leur avocat depuis des années, mais il disait les choses avec netteté quand ils se comportaient incorrectement. »

Rompu aux négociations délicates, il était aux côtés de Sadate lors de l'élaboration des accords de Camp David, El Baz reçoit souvent Abou Mazen qui lui soumet les documents les plus confidentiels de l'OLP. L'Égyptien biffe, corrige, modifie des phrases, montre comment on peut à la fois améliorer et retravailler l'ensemble.

Lorsqu'il prend connaissance des trois feuillets que lui transmet Moubarak, évoquant l'option Jéricho, sa réaction est immédiate. L'OLP doit saisir cette occasion unique.

Il participe, quelques jours plus tard, à l'entretien entre Arafat et Moubarak. Les deux dirigeants évoquent les discussions en cours à Oslo.

A un moment, Moubarak déclare :

– Tu obtiendras aisément l'autonomie pour Gaza, mais que comptes-tu réclamer sur la rive ouest ?

Arafat répond :

– Je sais que les Israéliens seront réticents, mais nous voulons que leurs troupes se retirent de toutes les grandes agglomérations.

Moubarak secoue la tête d'un air sceptique :

– Crois-moi, tu n'as aucune chance de l'obtenir.

Le président de l'OLP paraît pris de court.

– Ah bon ! Que suggères-tu ?

– Réclame d'abord Jéricho. Ce sera l'embryon de la future autonomie palestinienne sur toute la rive ouest.

– Jéricho ?

Arafat paraît abasourdi. Il regarde longuement les deux responsables égyptiens, avant de répondre à Moubarak :

– Laisse-moi quelques heures pour examiner cette question.

Le président de l'OLP rejoint son conseiller Nabil Chaath qui attendait dans une pièce voisine en compagnie de plusieurs assistants.

– Trouvez-moi tout de suite une carte de la Palestine, ordonne Arafat.

Pendant que les collaborateurs se dispersent, Arafat rapporte à Chaath la suggestion de Moubarak.

– Il vaudrait mieux choisir Jenine, estime Chaath. Nous pourrions nous appuyer sur une population plus militante.

– Mais Jenine est trop au nord, rétorque Arafat. Jéricho est proche du pont Allenby et à mi-chemin entre Jérusalem et Amman.

Yasser Arafat rejoint Hosni Moubarak, deux heures plus tard. Il entre dans la pièce, plusieurs cartes enroulées sous les bras, qu'il déplie soigneusement sur la table basse au milieu du salon. Le président égyptien et son conseiller distinguent le tracé d'un corridor reliant Gaza à Jéricho et traversant Israël. Moubarak pointe son doigt.

– Ce projet de route ne marchera pas.

Arafat le regarde, surpris.

– Mais cette route sera totalement « extra-territoriale ». Il faut bien que quelque chose montre que les deux parties de notre territoire sont unies, que nous formions une seule entité.

Moubarak secoue la tête négativement.

– Je connais Rabin, il n'acceptera jamais. Pour l'instant, contente-toi de Jéricho et réclame-le dans les négociations. Fais savoir que désormais Gaza et Jéricho sont indissociables.

En moins de deux jours, l'idée de Pérès était devenue, comme il l'avait escompté, le plan d'Arafat. Le chef de l'OLP brandissait une exigence qui lui avait été suggérée, indirectement, grâce à la médiation égyptienne, par ses adversaires. Il restait maintenant, pour Shimon Pérès, à accomplir le plus dur : vendre les négociations d'Oslo et le projet Jéricho à Itzhak Rabin.

Le Premier ministre, qui ignore tout ce qui se trame en coulisse, a décidé, devant la recrudescence de la violence, de fermer totalement la bande de Gaza. Plus aucun Palestinien ne peut sortir du territoire.

Le 30 avril, Hirschfeld et Pundik se rendent de nouveau en Norvège. Ils y séjourneront jusqu'au 2 mai. Cette fois, les Norvégiens n'installent pas les délégations à Borregaard mais à Heftye House, une propriété située près de Lillehammer. Elles séjourneront également dans plusieurs hôtels d'Oslo et même, parfois chez le ministre norvégien des Affaires étrangères, Johan Jorgen Holst, où l'on débouche du vin chilien en savourant la cuisine de sa femme Marianne Heiberg, et notamment ses spécialités de mouton.

Les rencontres vont prendre un tour rocambolesque. En effet, la capitale norvégienne accueillait aussi les négociations multilatérales sur la question des réfugiés. Les délégations officielles israélienne et palestinienne ignorent tout des contacts secrets qui se poursuivent à quelques centaines de mètres, au Plazza Hotel. Rod Larsen et Mona Juul jouent les messagers entre l'équipe d'Abou Ala et Hirschfeld et Pundik.

Hirschfeld se force à marcher dans la campagne le plus souvent possible. Lui, dont la silhouette est déjà enrobée, essaie désespérément de perdre les cinq à six kilos supplémentaires pris durant ses rencontres. Il s'efforce plus encore de parvenir à un accord.

– Un fossé séparait toujours nos positions, et j'ai pris la décision, en avril, de le combler en adoptant une position qui, je le savais, ne serait pas approuvée par le gouvernement israélien. Mon idée était de pouvoir dire aux officiels, en rentrant : nous possédons un texte que les Palestiniens ont accepté. Si vous voulez négocier plus avant, vous pouvez commencer sur cette base et dire où vous apporterez des modifications ; ils savent qu'il doit y en avoir.

« Montrez votre bonne foi, répète Hirschfeld à ses interlocuteurs palestiniens, durant ces discussions, et prouvez que vous avez réellement la détermination d'aller plus avant. »

Le résultat sera un texte baptisé « document de Sarpsbourg », que Hirschfeld rapporte en Israël comme un joyau. Fidèle à ses habitudes il se rend, à peine arrivé, au ministère des Affaires étrangères. Yossi Beilin le reçoit immédiatement. Le gros homme barbu, à l'allure gauche, annonce, le visage ravi :

– Nous sommes arrivés à une ébauche d'accord.

Beilin reste la bouche ouverte, les bras ballants, avant de répondre.

– Quoi. Mais vous êtes complètement fou !

– Mais non, vous verrez, c'est une espèce d'exercice très intéressant.

Le ministre adjoint est atterré. Il n'avait jamais envisagé que Hirschfeld outrepasserait à ce point ses directives.

– Montrez-moi cela tout de suite.

Beilin, visage sombre, se plonge dans une lecture attentive. Il lève ensuite le regard en direction d'Hirschfeld, catastrophé.

– Pour l'amour de Dieu, c'est nul ! Il y a énormément de mauvaises choses là-dedans.

Nullement démonté, Hirschfeld répond :

– Je sais qu'il y a de mauvais points, mais j'étais face au dilemme suivant : soit je m'efforçais de conclure, soit je rompais. Les Palestiniens savent que, si des officiels israéliens viennent maintenant à la table des négociations, ce sera pour un nouveau round et qu'il leur faudra concéder. On me dira que ce document est pro-palestinien ! Certes, mais c'était le seul moyen de commencer.

Pour Ouri Savir, directeur du ministère des Affaires étrangères israélien, « 30 pour cent seulement du contenu de ce texte était acceptable. Mais il était proche de nos idées sur le plan économique et il existait un début de compromis ». Ce que confirmera plus tard Beilin : « Les annexes économiques étaient déjà là, elles correspondaient presque mot pour mot aux annexes finales. »

« Pour arriver à un accord, avait confié, au début, Hirschfeld, il faut d'abord traverser des champs de mines et repérer le bon passage. »

C'est exactement ce qu'il venait de faire avec son ami Pundik. Et sans soutien. Ces deux hommes, qui rêvaient à la paix, vont être à demi désavoués par les politiques, après avoir accompli l'essentiel.

Leur document était, bien sûr, imparfait. Mais il s'agissait surtout, pour ceux qui allaient maintenant apparaître au premier plan, d'effacer au maximum les traces du passé afin de s'attribuer le mérite d'un éventuel succès.

9

SHIMON PÉRÈS, LE MAL-AIMÉ

Yossi Beilin était plutôt content de pouvoir enfin passer à Shimon Pérès le témoin qui commençait à lui brûler les doigts.

Mais Pérès, avant de le passer à son tour à Rabin, décida de franchir seul une assez longue distance, afin qu'une victoire éventuelle puisse lui être attribuée.

A ce stade de notre histoire, son rôle va devenir déterminant. Aussi, avant de poursuivre notre enquête, nous décidâmes de lui rendre visite.

Le chauffeur de taxi qui nous conduit chez Shimon Pérès approuve la signature des accords de paix avec l'OLP. Tout ce qui l'étonne, c'est qu'on ait pu garder le secret jusqu'au bout dans une région peuplée d'autant de bavards.

– Il n'a pas tort, nous confie Pérès, et les difficultés n'ont pas toujours surgi là où nous les attendions. Ouri Savir a eu beaucoup de mal à faire admettre à sa femme, jalouse, qu'il devait se rendre si souvent en Norvège... Pour préserver la paix avec elle, il a fini par la mettre au courant. Rassurée, elle a parfaitement joué le jeu. Heureusement !

Shimon Pérès nous semble changé. Il a l'air soulagé, un peu comme quelqu'un qui aurait longtemps hésité au bord de la piscine et qui découvre, en plongeant, qu'il sait nager. Nous l'avons connu peu après la guerre des Six Jours chez David Ben Gourion, au kibboutz de Sdei Boker dans le désert du Néguev. La légende veut que Pérès doive tout à Ben Gourion, qui le prit un jour en auto-stop sur la route de Jérusalem à Haïfa. Pérès ne nie pas cette histoire, il ne la confirme pas non plus.

Né le 15 août 1923 dans un village de Biélorussie, ce fils d'un marchand de bois arrive en Palestine à onze ans. Il entre au kibboutz après ses années d'école et là, encore d'après la légende, il courtise sa future femme Sonia en lui lisant Le Capital *à la lueur d'une bougie durant ses tours de garde. Que l'anecdote soit vraie ou fausse, il est bien connu que Shimon Pérès lit beaucoup. Il estime François Mitterrand, se sent appartenir au même club de dirigeants lettrés qui savent « filer » une anecdote littéraire ou analyser au pied levé un ouvrage récent. Peu d'hommes politiques israéliens continuent comme Pérès à se cultiver. Il affectionne les livres historiques, les biographies, et se considère comme un disciple de Claude Levi-Strauss, qu'il cite souvent. On le taxe d'opportunisme avec les hommes, pas avec les idées.*

– C'est Ben Gourion qui m'a appris la fidélité aux idées, revendique-t-il.

Le fondateur de l'État, le « Vieux », comme tout le monde l'appelait affectueusement, avait quatre-vingts ans passés lorsque nous nous sommes trouvés chez lui avec Shimon Pérès.

La conversation vint sur les territoires occupés et nous lui demandâmes s'il était prêt à les rendre pour la paix.

– Pour la paix, mes jeunes amis, je suis prêt à rendre tous les territoires. Et même pour Jérusalem, nous pourrions nous arranger facilement.

– Êtes-vous pour la création d'un État palestinien ?

– Quand les Nations unies ont décidé en 1948 le partage de la Palestine, nous l'avons aussitôt accepté. Cela signifiait que nous acceptions la création d'un État palestinien à côté du nôtre. J'ai dû – et croyez-moi, ce

n'était pas facile – pointer nos armes contre nos propres frères, ceux de l'Irgoun, qui ne voulaient pas renoncer à ce qu'ils appelaient la patrie historique. Ce sont les Arabes qui ont empêché la création de l'État palestinien, en ouvrant les hostilités et en annexant, les uns, la Cisjordanie, les autres, Gaza.

David Ben Gourion évoqua ensuite une lointaine conversation, déjà pleine des malentendus qui déchirent encore les esprits de nos jours.

– En avril 1936, j'ai eu une longue discussion avec un grand nationaliste arabe, Georges Antonius, un homme très intelligent. Je lui ai demandé pourquoi les Juifs et les Arabes ne s'uniraient pas dans la lutte pour la libération de la région. Ensemble, nous aurions été très forts. Il m'a répondu que c'était une bonne idée, mais que cette libération ne pourrait en aucun cas aboutir à la création d'un État juif, tout simplement parce que les Arabes considéraient cette terre comme la leur et qu'ils se battraient pour la conserver.

« Mais, mon ami, lui ai-je dit, cette terre est presque vide : des marécages dans le Nord, le désert au Sud et une bande côtière à peine peuplée. – C'est vrai, admit Antonius, mais un peuple ne lutte pas pour sa propre génération, ses fils et ses petits-fils auront besoin de cette terre. »

Je lui ai expliqué que pour nous, les Juifs, Eretz Israël était le seul pays possible, le seul pays où nous enracine notre histoire, tandis que la nation arabe a des étendues infinies. Il n'était pas d'accord. Pour lui, chaque parcelle de la nation arabe a sa propre identité, elle veut la vivre indépendamment. Il n'était pas d'accord non plus quand je lui expliquai que l'existence d'un État juif en Palestine ne mettait aucunement en danger la civilisation arabe ni sa liberté. Il craignait que l'arrivée de centaines de milliers d'émigrés formés à la technologie occidentale ne transforme la population arabe en main-d'œuvre à bon marché.

« Pourquoi ne pas avoir confiance en la nation arabe? lui demandai-je. Ne croyez-vous donc pas au potentiel humain, intellectuel, économique du monde arabe? Pourquoi, une fois libéré, ne pourrait-il pas atteindre rapidement le même niveau que le nôtre? – C'est un problème d'éducation, me répondit-il. Beaucoup de Juifs qui viennent ici sortent des universités, tandis que la majorité de notre peuple sort à peine du désert. Le temps de vous rattraper, vous aurez implanté ici un État fort qui nous dictera les conditions de la coexistence. Pour nous, les aspirations des Arabes et celles des Juifs sont incompatibles. »

Vous imaginez bien que je n'étais pas du tout d'accord. Je pensais que nous pouvions lutter ensemble pour nous libérer, avant de collaborer politiquement et économiquement pour le bien de nos peuples. Je lui ai bien fait comprendre que le retour en Eretz Israël n'était pas pour nous un caprice, mais un problème de survie, une question de vie et de mort. Je l'ai bien prévenu que nous viendrions ici, entente ou pas avec eux, que si nous avions à choisir entre des pogromes en Allemagne ou en Pologne et des pogromes en Eretz Israël, nous choisirions les pogromes d'ici.

« Mais, lui demandai-je à la fin, pourquoi donc nous combattre? Ne serait-il pas bénéfique pour tous de faire la paix et de vivre côte à côte? »

Ben Gourion passa la main dans ses cheveux blancs en désordre et nous regarda tour à tour comme s'il se demandait ce que nous faisions là. Puis il reprit pied dans le présent et conclut :

– Si vous allez voir vos amis dans les pays arabes, dites-leur que je continue du fond du Néguev à leur poser la même question que je posais à Antonius il y a plus de trente ans.

Shimon Pérès nous a souvent reparlé de cette rencontre et, chaque fois que nous nous rendions dans un pays arabe, il nous rappelait que nous devions poser la question de Ben Gourion.

Shimon Pérès était conscient du problème palestinien, à la différence de Golda Meir. Mais il a longtemps cru, comme toute la classe politique israélienne, qu'il ne devait parler de paix qu'avec le roi Hussein. Il repoussait l'idée d'une paix séparée avec l'OLP. Trois ans avant la signature de Washington, il avait refusé que nous lui organisions une rencontre avec Yasser Arafat ou un autre chef palestinien. « C'est avec la Jordanie qu'il faut faire la paix, disait-il. C'est aux Jordaniens qu'il faudra rendre les territoires et ce sera à eux de s'arranger avec Arafat. Si le roi ne peut pas signer seul la paix avec nous, il viendra à Jérusalem en compagnie d'une délégation palestinienne. » Nous lui objections qu'Arafat y figurerait sans doute. Il espérait que non, et d'ailleurs il n'y croyait pas.

Quand a-t-il changé d'avis ? Il se souvient de la date avec exactitude : le 31 juillet 1988. Ce jour-là, le roi Hussein de Jordanie annonça qu'il rompait les « liens administratifs et judiciaires » avec la Cisjordanie, et qu'il annulait ainsi l'union des deux rives du Jourdain proclamée par son grand-père Abdallah en 1950. Il laissait Palestiniens et Israéliens face à face.

Shimon Pérès reçut cette déclaration comme un choc. Le roi détruisait l'espoir que les travaillistes israéliens entretenaient depuis des années, leur fameuse « option jordanienne ». Peu auparavant, en avril 1987, Hussein et Pérès étaient pourtant secrètement convenus à Londres d'un processus de paix. Un tel accord aurait couronné la carrière de Shimon Pérès, mais voilà que la Jordanie n'entendait plus discuter de la question palestinienne avec Israël. Le roi adressait à Pérès une lettre de regret qui enterrait leur projet, tout en commençant par « Mon frère ». Ils n'avaient plus désormais à débattre que de leur frontière commune. Surpris par un tel revirement, Pérès crut d'abord à une manœuvre politique. Il se détrompa quand le roi Hussein de Jordanie dissuada ses propres partisans de faire circuler des pétitions réclamant qu'il revienne sur sa décision. Pérès est un homme d'action, jamais meilleur que lorsqu'il croit à sa cause – Israël lui doit ainsi un réseau de communication performant, l'informatisation du pays, le centre nucléaire de Dimona, sans parler de la fin d'une inflation délirante. Après cet échec avec la Jordanie, restaient comme interlocuteurs « acceptables » les Palestiniens de l'intérieur, les Palestiniens du silence. Il déploya beaucoup d'efforts pour trouver un terrain d'entente.

En vain.

Cette OLP de Tunis qu'il voulait contourner se dressait entre eux, omniprésente.

– J'ai compris qu'on devait affronter les mythes, et qu'Arafat en était un. J'ai dû admettre que ce que j'éprouvais pour lui ne comptait pas, mais que pour les Palestiniens et les autres Arabes avec qui nous parlions, il représentait l'étape obligée sur la voie de la paix. Alors, quand l'occasion s'est présentée...

Nous devons nous pencher pour mieux entendre. Shimon Pérès parle doucement de sa voix de gorge, il devient presque inaudible. Chose curieuse, c'est plutôt lorsqu'il s'énerve qu'il s'exprime clairement. Aujourd'hui, veille de Yom Kippour, il paraît enclin à la confidence.

Il avoue qu'il lui a été difficile de se décider à prendre la main qu'Arafat lui tendait devant les caméras à Washington. Rabin lui a chuchoté ironiquement : « A ton tour ! » Il le fallait. Il devait serrer cette main qui avait armé les tueurs des enfants de Maalot, cette main offerte qui garantissait la paix à tant d'autres enfants...

Toute conversation en Israël s'arrose continuellement de boissons fraîches, tant il fait chaud. Pérès coupe court à ce bref abandon en cherchant un jus de fruit dans son réfrigérateur, puis se retranche derrière les faits, comme si les sentiments n'avaient aucun rapport avec l'Histoire.

Son récit des négociations, avec leurs rebondissements et leurs manipulations, représente une part de ce livre. Il a relaté des détails qu'il n'aurait sans doute pas dû nous révéler – comment, par exemple, la question de Jéricho a été soulevée. Peut-être par amitié pour nous. Peut-être aussi parce qu'il nous parlait en présence de sa femme, dont il répète volontiers que l'opinion lui importe, et de sa petite-fille – dix-huit ans – qui pose sur lui le regard de toute une génération.

10

RABIN ENTRE EN SCÈNE

Début mai, Pérès se résolut à informer Rabin. Ce fut, selon un de ses proches, « une décision prise sans joie et dictée par la résignation ». Il ne pouvait plus désormais « jouer seul sa propre partition ».

Il rêvait de tenir le premier rôle mais il savait que la plupart des acteurs impliqués dans la pièce souhaitaient le confier à Rabin. A commencer par Arafat. Pour le chef de l'OLP, le général de Gaulle était un modèle, et il estimait que seul un militaire autoritaire et respecté serait en mesure d'imposer une solution négociée à l'armée et à l'opinion publique israéliennes.

La rencontre se déroula au cours d'une fin d'après-midi. Le chef de cabinet de Rabin, un petit homme brun qui venait de se raser la moustache, introduisit Pérès dans le bureau du Premier ministre. Les deux hommes échangèrent un bref salut, sans même se serrer la main, puis s'assirent face à face, Rabin restant derrière son bureau. Les fenêtres donnaient sur les collines de Judée, superbement éclairées par le soleil couchant.

Pérès parla longuement et chaque mot lui coûtait, comme s'il se dépossédait peu à peu d'un inestimable secret. Rabin écoutait, la tête légèrement inclinée, les traits totalement figés. Aucune émotion ne transparaissait. Il laissa Pérès tout expliquer, sans poser aucune question : Hirschfeld et Pundik à Oslo, les remarquables avancées, le projet d'accord conclu avec l'OLP, « à la fois bon et mauvais, tu sais, l'éternelle histoire de la bouteille à moitié vide ou à moitié pleine ».

Quand le ministre des Affaires étrangères eut achevé son exposé, Rabin, de sa voix lente et rocailleuse, laissa tomber, le regard toujours aussi indifférent :

– Je suis au courant de tout.

Pérès accusa le coup. Les traits tirés, il était décontenancé. Il pensait que Rabin apprécierait son geste, et il se retrouvait piégé, placé dans la pire des situations, celle de l'éternel intrigant.

Rabin « savait », en effet, mais il bluffait quand il laissait entendre que pratiquement aucun fait ne lui avait échappé. Les rapports des services de renseignements, transmis par son chef de cabinet, l'homme à la moustache rasée, lui fournissaient, selon un de ses collaborateurs, « une vue globale du tableau, mais laissaient dans l'ombre la richesse des détails ».

A cet instant de la partie, Pérès l'ignorait. Il utilisait ses ultimes arguments.

– Lis au moins le texte et rencontre les deux types qui l'ont négocié.

Rabin, distant, secoua la tête négativement :

– Je suis sceptique. Je ne crois vraiment pas qu'Arafat soit prêt à un accord avec nous.

Pérès repartit en ayant tout de même réussi à arracher un rendez-vous, trois jours plus tard, pour Hirschfeld, Pundik et lui.

Curieuse ironie d'une histoire pleine de paradoxes, Rabin n'accordait encore aucun crédit à l'homme qui avait pourtant tout misé sur lui : Yasser Arafat.

Le président de l'OLP, de passage au Caire fin mars, avait confié à Moubarak :

– Tout va bien, mais j'ai un problème, je ne suis toujours pas sûr que Rabin soit informé de l'existence des négociations en Norvège.

– Écoute, je vais demander à mon ambassadeur à

Tel-Aviv de lui suggérer un rendez-vous, avait répondu le président égyptien.

Quatre jours plus tard, le Premier ministre israélien et le président égyptien se retrouvèrent à Ismaïlia. Assis dans deux fauteuils, sur une terrasse ensoleillée du palais présidentiel, ils devisaient de l'évolution de la situation dans la région. A un moment, Moubarak s'adressa à son interlocuteur, l'air embarrassé :

– Je voudrais vous demander une précision : êtes-vous au courant des négociations qui se déroulent à Oslo ?

Toujours aussi laconique, Rabin répondit :

– Bien sûr !

Ces deux mots, prononcés avec fermeté, avaient impressionné Moubarak. Il chargea son conseiller, Osama El Baz, de transmettre la réponse à Arafat. Le chef de l'OLP entra dans une violente colère, hurlant au téléphone à l'Égyptien :

– Je me fous qu'il soit au courant. Ce que je veux savoir, c'est s'il approuve ces négociations.

L'étrange imprécision des formulations déboucha sur un véritable feuilleton. Moubarak envoya El Baz en Israël pour obtenir les éclaircissements demandés.

Il rencontra longuement Pérès. Les deux hommes se connaissaient et s'appréciaient depuis des années. Pérès ne se fit pas prier pour parler des contacts en cours, à Oslo, et s'attribua, chemin faisant, la plus grande partie des mérites.

El Baz, au terme de la discussion, annonça au ministre des Affaires étrangères :

– Bien, je vais maintenant aller voir Rabin pour savoir s'il est ou non au courant.

Pérès blêmit :

– Laisse-moi m'occuper de lui, répondit l'Israélien, je le connais et je sais comment le prendre.

El Baz le fixait, intrigué :

– Mais tout le monde s'énerve.

– Je t'assure...

Cette fois le ton de Pérès était beaucoup plus insistant, « presque implorant », selon des témoins de l'entretien.

– ... Si tu rencontres Rabin maintenant, tu vas tout gâcher. Rentre au Caire et ne complique pas les choses. Je te garantis que Rabin approuvera.

Osama El Baz regagna la capitale égyptienne, d'où il téléphona à Rabin. Celui-ci lui aurait répondu : « Je suis informé mais j'attends la réponse des Américains. »

On peut douter de la véracité de cette phrase. Tenir au courant les États-Unis n'était pas, alors, la priorité du Premier ministre israélien. D'autre part, il ne caressait guère d'illusions sur l'efficacité et la portée de tels contacts. Depuis des mois, comme Arafat, il avait donné son accord à l'ouverture de canaux secrets israélo-palestiniens : des émissaires de Jérusalem, protégés parfois par des équipes du Mossad, s'étaient rendus à New York, au Caire, à Paris, Londres et Rabat, pour rencontrer des responsables de l'OLP ou des personnalités mandatées par la Centrale palestinienne. Les résultats obtenus s'étaient révélés totalement décevants. Pour Rabin, il n'était pas pensable qu'Oslo pût faire exception.

La secrétaire du Premier ministre avait noté sur son agenda un vendredi de mai à 9 heures du matin : « Rendez-vous Pérès + deux invités ».

Hirschfeld et Pundik accompagnaient le chef de la diplomatie. Rabin ne leur accordait guère de crédit et le début de la réunion fut sans chaleur. Pour le chef du gouvernement, souvent manichéen, les deux universitaires étaient avant tout des hommes de Pérès, totalement acquis à ses idées. Il les écouta avec scepticisme, mais au fur et à mesure qu'ils parlaient, décrivant la psychologie des négociateurs palestiniens et détaillant les résultats obtenus, une étrange impression se formait dans son esprit. Il ne croyait toujours pas à la bonne foi d'Arafat, mais il devait admettre que les compromis consentis par l'OLP représentaient une avancée. Pour cet homme pragmatique, rompu aux rapports de force, cet assouplissement des positions palestiniennes révélait la faiblesse et le désarroi qui minaient l'OLP. Cette « fenêtre de vulnérabilité » offrait, à ses yeux, de fructueuses opportunités. « Il était, selon la formule d'un de ses proches, l'homme à la fois le plus déchiffrable et le moins prévisible. »

Jamais cette définition n'avait été aussi vraie.

Quand Hirschfeld et Pundik eurent fini de parler, il les remercia courtoisement, sans faire le moindre commentaire, et les raccompagna jusqu'à la porte de son bureau. Puis il revint vers Pérès.

– Je n'y crois pas tellement, mais si tu veux aller plus avant, je suis d'accord.

Pérès eut un bref sourire.

– Nous devons régler maintenant un point important.

Rabin le regarda, perplexe :

– Lequel ?

– Les Norvégiens m'ont fait savoir que l'OLP exige que les discussions, dorénavant, se poursuivent avec un officiel israélien. Cela me semble logique.

– Qui voudrais-tu envoyer ?

Pérès parut surpris de la question. Il répondit sur le ton de l'évidence :

– Je pense que je pourrais aller à Oslo.

Le visage de Rabin, brusquement, se ferma :

– Franchement, je ne crois pas que ce soit une bonne idée. Tu occupes une fonction trop élevée.

Ils se livraient à un affrontement feutré. Le chef du gouvernement poursuivit :

– Notre premier impératif est de garder le secret sur

ces négociations et d'attendre que la délégation officielle palestinienne regagne Washington. Nous devrions faire croire que tout ce qui aura été obtenu à Oslo a été décidé en fait dans la capitale fédérale américaine. En tout cas, tu es trop voyant.

Pérès, à regret, avait alors suggéré :

– Que penses-tu d'Ouri ?

– C'est un très bon choix.

Ouri Savir, comme Yossi Beilin, appartenait au petit groupe des proches de Pérès. On les surnomme en Israël les « blazers bleus » en raison de leurs cravates et vestes bleu marine, ainsi que pour leur allure de technocrates à lunettes. A quarante ans, Savir avait accompli un parcours remarqué. Ce fils de diplomate, devenu conseiller de presse de Pérès puis consul général à New York, venait d'accéder deux mois auparavant au poste envié de directeur général du ministère des Affaires étrangères.

Il était brillant, ambitieux, capable de charmer pour imposer ses idées. Shimon Pérès le convoqua dès la fin de son rendez-vous avec Rabin. Savir fut stupéfait. La responsabilité qu'il devrait assumer était écrasante. Il allait être le premier officiel israélien à négocier directement avec l'OLP.

Sa première initiative fut de rencontrer longuement Hirschfeld et Pundik. Il examina attentivement le document qu'ils avaient rapporté. Savir se montrait à la fois extrêmement critique et très impressionné. A un moment, il déclara aux deux professeurs :

– Le texte n'est pas facile, il recèle de bonnes et de mauvaises choses. Nous ne pouvons pas tout accepter. Ils devront se plier à des changements. Ce ne sera plus la même chose que lorsqu'ils vous parlaient.

Pérès avait confié à ses proches : « Laissons faire Ouri Savir. Nous arrivons maintenant à l'heure de vérité. »

Le jeune directeur du ministère, ému par l'enjeu, alla

rendre visite à son père quelques jours avant son départ pour la Norvège. Il lui confia ses appréhensions, la tâche qui l'attendait. Son père l'écouta avec gravité, puis posa les mains sur ses épaules, en le fixant dans les yeux :

– Tu dois, dit-il avec fermeté, absolument saisir cette opportunité de négocier la paix.

Pour Savir, le défi était à la fois politique et personnel. Pérès entendait être tenu informé jour par jour des discussions. Rabin, lui, semblait plus détaché. Savir l'avait entrevu brièvement et le Premier ministre ne lui avait donné qu'une seule consigne : « Détailler davantage les exigences israéliennes. »

En mai, Yasser Arafat se rendit à Vienne où il rencontra plusieurs journalistes israéliens. Il ne démentit pas l'existence de pourparlers secrets mais resta dans le flou. Il évoqua, en revanche, avec netteté l'idée d'un désengagement militaire israélien des territoires occupés et sa volonté d'aboutir à une « paix des braves ». Il ajouta : « Nous ne pouvons pas parler seulement de Gaza. Il faut qu'il y ait aussi une partie de la rive ouest, Jéricho par exemple. »

Ses interlocuteurs ne saisirent pas la portée du message, mais le signal transmis à Pérès et Rabin était clair : Arafat réaffirmait sa volonté d'arriver à un accord.

Le 20 mai, Ouri Savir s'envola pour Oslo en compagnie de Hirschfeld et Pundik. Pérès avait décidé de conserver les deux hommes parce qu'il estimait, avec raison, qu'ils avaient réussi, en cinq mois, à gagner la confiance des Palestiniens et qu'il ne fallait pas tendre ce climat en les écartant. Officiellement, Savir quittait Israël pour passer le week-end à Cannes. Hormis son père, aucun membre de sa famille n'était au courant de sa destination, pas même sa femme, à qui il n'avait rien révélé.

Les Norvégiens, cette fois, ont renforcé les mesures de sécurité. Les négociateurs seront protégés en permanence par une dizaine de membres des services spéciaux, tandis que des groupes de policiers, soigneusement sélectionnés, sont chargés de boucler les différents lieux où se tiendraient les réunions. Les voitures utilisées pour les transports seront toujours louées, mais les négociateurs, désormais, ne passeront plus la douane.

Quand les Israéliens arrivent à Oslo, le 20 mai au soir, après avoir transité par trois capitales européennes, ils sont accueillis par Larsen et immédiatement conduits jusqu'à une maison située en pleine forêt, non loin d'un tremplin de ski.

Ils attendent une dizaine de minutes l'arrivée de Mona Juul, l'épouse de Larsen, accompagnée de la délégation palestinienne. Les six hommes se font face, presque gênés. Pour les membres de l'OLP, il s'agit d'un grand moment : c'est la première fois, levant tous les tabous, que le gouvernement israélien autorise un officiel à rencontrer des responsables de la Centrale palestinienne, en vue de négociations concrètes.

Afin d'atténuer la tension, Rod Larsen prend les choses en main. Il entraîne Ouri Savir vers Abou Ala en lui disant : « Permettez-moi de vous présenter votre ennemi numéro un ! » Puis il enchaîne avec les autres délégués en continuant : « Voici votre ennemi numéro deux ! », puis : « Votre ennemi numéro trois ! » Le Norvégien déclenche quelques rires crispés. « J'ai essayé, dira-t-il, de faire preuve d'un sens de l'humour peu diplomatique pour détendre l'atmosphère. » Avant que les deux délégations ne s'enferment dans la salle de réunion, il leur lance : « OK, les gars, enlevez les vestes et retroussez les manches. » Tous affichent un visage tendu et la plaisanterie tombe à plat. Larsen, les traits défaits, rejoint sa femme et lui confie : « Je crois que je viens de commettre une énorme gaffe diplomatique. »

Pourtant, deux heures plus tard, quand il entrera dans la pièce, son conseil semble avoir été suivi, Israéliens et Palestiniens, en manches de chemise, la cravate dénouée, sont en pleine discussion.

Yaïr Hirschfeld estimait qu'au cours des précédents mois, « Israéliens et Palestiniens avaient développé une certaine façon de parler, dépourvue de cris et d'agressivité ». Ouri Savir va immédiatement s'intégrer à ce climat. Pendant une bonne partie de la soirée, puis de la nuit, lui et Abou Ala vont confronter leurs points de vue. Savir s'exprime de manière ferme et pondérée. Il expose les positions du gouvernement israélien, ses motivations et rappelle que l'équipe au pouvoir à Jérusalem « souhaite mettre un terme à l'occupation. Seulement, il faut avancer progressivement, en se basant sur une confiance mutuelle et des actes réciproques. Nous voulons croire que vous êtes sérieux, poursuit-il. Aussi oubliez pour le moment l'idée d'un État palestinien, ainsi que l'avenir de Jérusalem et des colonies de peuplement, parce que nous ne pourrons négocier sérieusement qu'à la condition que vous mettiez ces questions de côté ».

Dès la fin de la première réunion, les Palestiniens acceptent de ne pas évoquer le futur statut de Jérusalem, alors que dans le document mis au point avec Hirschfeld et Pundik, la formulation ambiguë pouvait laisser penser que Jérusalem faisait partie du plan d'autonomie.

Le duel entre Ouri Savir et Abou Ala va évoluer rapidement vers une sorte de fascination réciproque. Pourtant, tout sépare les deux hommes. Le quadragénaire israélien, bien né, à la carrière aisée, est séduit par l'intelligence et la virtuosité de ce banquier de près de soixante ans, rompu à la clandestinité et à toutes les subtilités de la diplomatie moyen-orientale. Toutes les séances de travail, onze au total, entre mai et août, se dérouleront en grande partie la nuit. Les Israéliens vont finir par se plier au rythme des Palestiniens : déjeuner vers 12 heures puis premières discussions jusqu'au dîner, les choses sérieuses ne commençant vraiment que vers 23 heures, pour s'achever à 6 heures du matin. Le plus souvent, les tensions surgissent vers 3 ou 4 heures du matin, quand un camp manifeste la volonté de « casser » l'autre. Tout au long de ces rencontres, la dimension psychologique est omniprésente. Dans le camp palestinien, le partage des rôles est très clair : Abou Ala est modéré et pragmatique tandis que son adjoint, Hassan Asfour, tient un langage plus agressif. Il lance parfois aux Israéliens :

– Nous n'avons pas confiance en vous, nous ne vous croyons pas. Vous voulez juste nous avoir. C'est une conspiration !

Chaque pas en avant ou concession d'Abou Ala sera ponctué de semblables diatribes. Les relations entre les deux délégations oscillent, dans une dichotomie permanente, entre la volonté de sympathie et une haine violente qui se réveille et explose.

L'humour va être un puissant moteur pour faire progresser les choses et atténuer ces tensions. En réalité, les Israéliens, plus encore que l'OLP, travaillent dans l'urgence. Savir, pour éviter que ses déplacements n'attirent l'attention, ne reste que le temps du week-end. Chaque lundi matin, il est à son bureau, après être rentré dans la nuit.

L'« atmosphère », selon Larsen et son épouse qui se tiennent en permanence dans une pièce voisine, « ressemblait à celle existant au sein d'un gang de garçons. On passait d'un humour déconcertant, ponctué d'éclats de rire, à des moments glaciaux et haineux ».

Ces relations sont d'autant plus exacerbées que Palestiniens et Israéliens vivent dans un huis clos permanent, partagent repas et conversations nocturnes, promenades dans les sous-bois et échanges codés du genre :

– Votre père a-t-il parlé à son grand-père de ce sujet ?

– Oui, et le fils nous disait hier qu'il aimerait avoir une autre réunion.

Le téléphone sonne à toute heure du jour et surtout de la nuit. Les Norvégiens sont fréquemment réveillés vers 4 heures du matin par des appels en provenance du siège de l'OLP, à Tunis.

« Une fois, raconte Larsen, j'étais tellement furieux que j'ai débranché la ligne pour pouvoir dormir tranquille encore quelques heures. »

Les progrès sont rapides sur les questions économiques, plus lents et difficiles sur les questions de sécurité. Pour Marianne Heiberg, qui travaille aux côtés du couple Larsen, « les lignes rouges tracées dans les têtes des négociateurs laissent très peu d'espace pour avancer ».

Quand les deux délégations se séparent, le 22 mai, une procédure a été adoptée pour organiser la rencontre suivante. Chaque camp en référera à son « grand-père » (nom de code donné à Arafat et Rabin), et dès que ceux-ci auront arrêté leurs positions, un nouveau rendez-vous sera fixé par téléphone, avec Larsen.

Dans l'avion qui les ramène en Israël, Ouri Savir adresse un compliment à ses deux coéquipiers :

– C'est la première négociation à laquelle je participe où je vois une équipe israélienne s'entendre si bien.

L'hommage est d'une sincérité relative. Hirschfeld et Pundik sont des collaborateurs irréprochables, mais la négociation a trop gagné en complexité pour qu'ils puissent désormais jouer autre chose qu'un rôle de figurants.

Savir est convaincu qu'il faut maintenant un homme nouveau à ses côtés, rompu aux négociations les plus délicates et capable d'enserrer le futur accord dans un cadre juridique rigoureux. Trop de points restent flous, et ces ambiguïtés risquent de peser lourd quand le texte devra être mis en application.

Savir, durant les nombreuses heures de discussion qu'il a eues avec Abou Ala, a été frappé par un détail inquiétant : le Palestinien paraît beaucoup plus intéressé et préoccupé par les relations avec Israël que par la réalité quotidienne dans les territoires occupés, où pourtant les problèmes urgents se posent par centaines.

Quand son avion atterrit à Tel-Aviv, sa décision est prise. Shimon Pérès vient de rentrer de Tokyo. Savir rencontre d'abord Yossi Beilin, puis les deux hommes se rendent ensemble chez le ministre des Affaires étrangères. Pérès paraît satisfait du compte rendu que lui fait son collaborateur. Pourtant, Savir conclut en disant :

– Nous avons besoin maintenant de quelqu'un capable de soupeser tous les détails. Il faut un juriste si doué qu'il passera réellement l'accord aux rayons lasers et détectera la plus petite anomalie. Je vois très bien qui pourrait remplir ce rôle.

Pérès le fixe amusé.

– Quel est le nom de ce phénix ?

– Yoël Singer.

Pérès a une moue approbatrice.

– C'est le meilleur des choix. Je pense que Rabin approuvera.

11

SINGER LE VIRTUOSE

Le 24 mai à 9 h 15 du matin, Yoël Singer arriva à son bureau situé en plein cœur de Washington. Singer était un homme matinal. Ce spécialiste en droit international travaillait depuis 1989 chez Max Kampelman, un des grands cabinets d'avocats de la capitale américaine. Kampelman représentait notamment les intérêts du ministère israélien de la Défense, et ceux de l'ambassade de l'état hébreu à Washington. En fait, Yoël Singer était déjà un retraité. Cet Israélien grand et mince de quarante-trois ans, au regard vif et ironique, avait démissionné de l'armée, quatre ans plus tôt, avec le grade de colonel. Fils d'un acteur de théâtre, il avait toujours préféré les coulisses, où il agissait avec une remarquable efficacité.

Depuis la fin de la guerre du Kippour, en octobre 1973, il avait été associé à toutes les grandes négociations internationales menées par Israël. En 1974, il avait participé à l'accord de désengagement avec l'Égypte et la Syrie, puis aux discussions de Camp David, en 1978, ainsi qu'au traité de paix signé un an plus tard avec Le Caire.

De 1979 à 1982, il avait été le représentant des forces armées israéliennes aux discussions sur l'autonomie, qui se déroulaient entre Jérusalem, l'Égypte et les États-Unis.

En 1983, il négocia l'accord sur le retrait israélien du Liban, puis l'établissement d'une force d'observateurs multinationaux dans le Sinaï.

Ce palmarès impressionnant lui valait l'admiration des responsables politiques.

« Singer, selon un de ses proches, était vraiment l'oiseau rare au plumage exceptionnel, le seul personnage, peut-être, capable de susciter un consensus entre Rabin et Pérès. »

Il avait collaboré étroitement avec le Premier ministre, lorsqu'il était chef du gouvernement, en 1974, puis ministre de la Défense, ainsi qu'avec Pérès, déjà aux Affaires étrangères en 1986.

Il possédait enfin un dernier atout, déterminant : sa connaissance parfaite des territoires occupés. Responsable juridique de la Cisjordanie et de Gaza, il développait la législation et rédigeait les mémorandums juridiques sur la légalité des actions israéliennes dans les territoires occupés.

« Singer, selon un de ceux qui avaient travaillé à ses côtés, ressemblait à un artiste, capable " d'habiller " juridiquement un accord avec la même virtuosité et subtilité qu'un grand couturier. »

Le 24 mai, à 10 heures du matin, l'« artiste » était plongé dans un dossier quand il reçut un appel urgent provenant de Jérusalem. L'homme au bout du fil lui déclara d'emblée :

– Il faut que vous rentriez immédiatement.

– Pourquoi ?

– Nous ne pouvons pas vous le préciser, mais vous devez prendre le premier avion en partance pour Israël. Nous parlons au nom du Premier ministre et du ministre des Affaires étrangères qui ont décidé, tous les deux, d'étudier certains documents à propos desquels ils veulent connaître votre opinion juridique.

– D'accord, répondit Singer, je viens.

– Dernier point, précisa la voix. Dès votre arrivée, avant de venir au rendez-vous, passez à l'hôtel Hilton. Une chambre vous a été réservée. Un homme vous attendra dans le hall. Il doit vous montrer quelque chose. Examinez cela attentivement.

Singer annula tous ses rendez-vous et téléphona à Max Kampelman pour lui annoncer son absence. Il inventa un problème familial et prit un vol de nuit, à New York. Arrivé à Tel-Aviv dans la matinée, fatigué, il se présenta à la réception du Hilton. Un homme « étrange », selon l'avocat, s'approcha. Il était gros, barbu et parlait à voix basse, comme un comploteur.

– Bonjour, dit-il, je m'appelle Yaïr Hirschfeld.

Ils allèrent s'asseoir dans le hall et le professeur lui tendit un texte dactylographié, en chuchotant : « Ceci est un accord que nous avons mis au point avec l'OLP. Alors, si vous pouviez le lire... »

Singer trouvait la situation irréelle. On lui demandait d'examiner un document ultra-secret, sur un coin de table, dans un couloir, à proximité des clients qui entraient et sortaient. Il regarda sa montre. Il lui restait une demi-heure avant son rendez-vous avec Yossi Beilin et Ouri Savir. Hirschfeld, assis face à lui, lissait sa barbe, le regard inquiet. Beilin l'avait prévenu la veille, de façon laconique : « Nous serons en rendez-vous avec Pérès, mais il faut que vous alliez au Hilton faire lire votre texte à un homme du nom de Singer. C'est un spécialiste juridique. »

L'avocat leva la tête :

– Mais il y a vingt-cinq pages, c'est trop long. Dites-moi de quoi il s'agit.

Hirschfeld parla pendant dix minutes, puis Singer l'interrompit.

– J'ai compris... Je le lis.

Quinze minutes plus tard, sa lecture achevée, le juriste fixa longuement Hirschfeld, avant de lâcher :

– Ce document est très mauvais. En fait, c'est comme un gâteau qui ne serait pas cuit. La recette est peut-être intéressante mais la cuisson, elle, est totalement ratée.

Hirschfeld se pencha vers lui :

– Si vous estimez que la recette existe, à vous d'essayer de cuire le gâteau.

Singer s'était levé :

– Je ne suis pas très tenté. Excusez-moi, je dois maintenant partir, j'ai un rendez-vous.

L'avocat gagna le ministère des Affaires étrangères où Yossi Beilin et Ouri Savir l'attendaient. Le directeur du ministère, souriant, demanda immédiatement :

– Avez-vous pris connaissance du texte ?

– Oui. Selon moi, c'est une mauvaise affaire pour Israël.

« En réalité, nous confiera Singer, j'étais sur le point de leur dire qu'il valait mieux le mettre à la corbeille, parce que c'était franchement nul. »

Ses interlocuteurs paraissaient décontenancés :

– Mais l'OLP, déclara Savir, nous a fourni toutes les explications verbales que nous demandions.

– D'accord, répondit Singer, les explications en question sont peut-être très intéressantes mais le document que j'ai lu est terrible.

Un silence pesant régnait dans la pièce. Beilin, l'air las, s'adressa à Singer :

– Bien, allons voir Shimon. Il nous attend.

La première question posée par Pérès fut :

– Alors, qu'en penses-tu ?

– Du travail bâclé !

Le ministre resta impassible, habitué aux propos cinglants de l'avocat.

– Mais pourrait-on le signer, comme un simple accord ?

– N'y pensez pas !

« En fait, nous dira Singer, en tant que politiques, ils ne savaient pas vraiment ce que valait ce document ; ils n'en avaient aucune expérience et ne prêtaient pas d'attention aux détails. »

– Pourrais-tu, demanda Pérès, rédiger tes conclusions et me les transmettre demain matin ?

Singer s'enferma dans sa chambre d'hôtel et noircit plusieurs feuillets sur du papier à lettres à en-tête du Hilton. Son analyse, cette fois, était un peu plus nuancée. Il estimait que le document « malgré sa nullité » comportait au moins un point positif : l'OLP semblait avoir adopté une position différente et plus souple que celle défendue par sa délégation officielle à Washington. Le règlement « graduel » des problèmes constituait notamment une approche nouvelle.

Singer, après avoir transmis son rapport, repartit le jour même pour Washington, « persuadé qu'il n'y aurait aucune suite ». A peine arrivé à son bureau, il reçut à nouveau un appel en provenance de Jérusalem. La même voix, anonyme, délivra un message laconique.

– Revenez immédiatement.

« Je me suis de nouveau envolé pour Israël, raconte-t-il, contraint de raconter un tas de sornettes à mes employeurs. »

A l'aéroport de Lod, le vendredi matin, une voiture l'attend pour le conduire chez Shimon Pérès. Le ministre paraît crispé.

– Rabin a lu le document et il estime, comme toi, qu'il est très mauvais. Mais il veut t'en parler.

La conversation entre les trois hommes va durer près de deux heures. Le chef du gouvernement commence par demander à Singer :

– Que pensez-vous des explications verbales fournies par les Palestiniens ?

– Cela peut être un élément prometteur.

Singer, Rabin et Pérès vont reprendre un à un tous les points litigieux du document, en y insérant les garanties orales données par la délégation de l'OLP. Au terme de la réunion, Rabin déclare à Singer :

– Je vous autorise à aller en Norvège pour les rencontrer et en discuter.

Selon Ouri Savir, « Rabin comprenait peu à peu qu'Arafat était la clé, pour le meilleur et pour le pire. La clé de l'évolution des rapports israélo-palestiniens, mais aussi, d'une certaine manière, des rapports israélo-arabes ».

L'avocat s'enferme, seul, pendant tout le week-end dans un bureau du ministère des Affaires étrangères, entouré d'une gigantesque pile de dossiers. Il a demandé qu'on lui apporte les transcriptions intégrales de toutes les discussions avec les Palestiniens, depuis la conférence de Madrid, en octobre 1991, jusqu'à la dernière réunion tenue à Washington.

Il épluche toutes les minutes. Un travail fastidieux et exténuant. « Rien, absolument rien, dira-t-il, n'était sorti de vingt mois de pourparlers, mais ces lectures m'ont donné l'occasion de comprendre ce que chaque camp voulait dire. J'ai aussi reconstruit les choses à partir de ma propre expérience, de ce que j'avais appris lors des précédentes négociations sur l'autonomie. »

Ensuite, le colonel à la retraite rédige des centaines de questions destinées à l'OLP.

Le 14 juin, accompagné de Savir, de Hirschfeld et de Pundik, il s'envole pour la Norvège.

Quand les deux délégations se retrouvent à la villa Thomas Heftist, sur les hauteurs d'Oslo, aucun des participants ne soupçonne que les discussions se prolongeront jusqu'au début du mois de septembre, soit au total près de deux cents heures de négociation. La première rencontre est tendue, épuisante. Elle durera deux jours et deux nuits, pratiquement sans interruption. L'arrivée de Singer est un choc pour les Palestiniens. Ils savent qu'il a travaillé pendant près de cinq ans pour Rabin et qu'il jouit de la confiance totale du Premier ministre. Pour l'OLP, c'est un progrès important, le signe que le chef du gouvernement israélien s'est à son tour impliqué. Les Palestiniens sont également persuadés que la négociation approche de son terme. Une illusion que Singer va brutalement dissiper, en reprenant les choses à zéro.

Pour Hassan Asfour, l'adjoint d'Abou Ala, « le dialogue, avec Savir, n'était pas facile mais il n'y avait pas de complications. Les difficultés ont surgi avec Singer. Il a commencé par nous bombarder de questions, plus de quarante au total. Un véritable interrogatoire d'inspecteur de police : ce n'était pas du tout agréable ».

Abou Ala, lui, réagit avec agacement :

– Je n'aime pas ces méthodes, lance-t-il. Qu'est-ce que c'est, un examen ou un test ?

L'avocat, qui connaît parfaitement la vie dans les territoires occupés, pose des questions très concrètes : « Comment allez-vous aborder le problème de l'éducation ? Qui sera responsable de ce secteur ? Comment prélèverez-vous l'impôt ? » Ou bien encore : « Comment assurerez-vous l'emploi des Palestiniens qui travaillent aujourd'hui en Israël ? »

Passé le premier moment d'humeur, Abou Ala s'emploie à répondre avec calme et précision : « Je sentais, dira-t-il, que c'était un tournant important. D'après nos informations, Rabin hésitait encore à faire confiance à l'OLP, et nous n'étions pas non plus totalement convaincus. »

Le Palestinien va impressionner Singer, comme il a séduit Savir. « C'était, à mon avis, un homme sincère, confiera l'avocat, malgré toutes les ruses et les embûches que nous nous tendions au cours des négociations. Il a été un des facteurs clés qui m'ont incité à penser que l'OLP était vraiment sérieuse. J'appréciais son pragmatisme, sa manière concrète d'aborder un problème plutôt que de parler idéologie, résolutions des Nations unies, grands principes. »

Hassan Asfour, lui, continue de tenir des propos violents qui contrebalancent le réalisme d'Abou Ala. Ce dernier, répondant aux questions de Singer, décrit l'administration future de la bande de Gaza, quand soudain Asfour l'interrompt :

– Abou Ala ne connaît rien de rien. Moi je viens des rues de Gaza et je sais ce qui s'y passe. Je ne vous crois pas. Lui, il a vécu en dehors, en Arabie Saoudite, et il ne connaît pas le problème.

Pourtant, au fil des rencontres, Asfour finira peu à peu, lui aussi, par assouplir ses positions et être convaincu de la bonne volonté des Israéliens. Un sentiment qu'il fera partager à Abou Mazen, dont il est proche. Le numéro deux de l'OLP convaincra à son tour Arafat.

Pourtant, mi-juin, rien n'est encore joué.

Rentré en Israël, Singer soumet ses conclusions à Rabin et Pérès. Il estime que l'OLP est vraiment sincère dans sa volonté de négocier et qu'il faut continuer dans cette voie qui « pourrait conduire à des concessions vitales de la part des Palestiniens ». Pour Rabin, ce rapport est un choc.

Selon un observateur israélien, qui connaît bien les deux hommes, « alors que Pérès évolue progressivement, par étapes, avec une vision à long terme, Rabin, lui, ne change que lorsqu'il a l'évidence sous le nez ». C'est le cas. Les analyses de Singer, en qui il a toute confiance, sont un véritable sésame. Il est désormais prêt à négocier avec l'OLP. Il confiera d'ailleurs : « Je n'aurais pas laissé Pérès aller plus loin si l'évaluation de Yoël avait été négative. »

Il demande à l'avocat de rédiger une proposition d'accord, qui sera présentée lors de la prochaine réunion d'Oslo. Singer repart à Washington et élabore une proposition, qui épouse à cent pour cent les positions israéliennes. Pour lui, il s'agit avant tout d'une base de négociation. Dix jours plus tard, il revient en Israël et présente le texte à Rabin qui procède à d'infimes retouches.

Lorsque les Palestiniens prennent connaissance du document, « ils faillirent, selon Ouri Savir, tomber raides. Ils éprouvaient de grandes difficultés à envisager son application et nous sommes restés soixante heures d'affilée à l'étudier afin de déterminer les points sur lesquels nous pourrions faire des compromis ».

Les discussions vont durer trois jours et trois nuits, pratiquement sans interruption. Yaïr Hirschfeld, réduit, comme Pundik, au rôle de preneur de notes, est fasciné par le brio de Singer et d'Abou Ala.

« Nous avions été, dira-t-il, les architectes du projet. Nous savions à quoi ressemblerait la construction. Yoël, lui, était l'ingénieur. Il évaluait avec précision la quantité d'acier et de ciment qui serait nécessaire ainsi que les conduits et les raccords à poser. Il formulait des questions très pratiques, évoquait des solutions légales, auxquelles Abou Ala, qui vivait à l'extérieur, n'avait jamais pensé avant. Ce dernier a compris que, sur un certain nombre de problèmes, l'OLP devrait faire de plus amples concessions. »

Les membres des deux délégations sont logés dans un hôtel de la banlieue d'Oslo, sous de fausses identités. Après deux nuits sans sommeil, Hirschfeld descend à la réception.

– Je voudrais la clé de la chambre 225.

La jeune fille derrière le comptoir lui demande :

– Quel est votre nom ?

Le gros homme barbu, hébété de fatigue, écarquille les yeux et répond :

– Je ne me souviens plus de mon nom.

Au terme de ces séances-marathon, un compromis est trouvé. Savir et Singer sont partis d'une position maximaliste, qu'ils ont peu à peu infléchie. En réalité, l'avocat avait déjà préparé un autre plan, plus nuancé, qui intégrait les exigences israéliennes et palestiniennes. Singer démontre aux Palestiniens qu'il a inséré bon nombre d'explications orales qu'ils lui avaient fournies lors des précédentes rencontres. Il ne subsiste que cinq points de désaccord.

Pendant toutes ces journées et ces nuits, les délégués ne cessent de téléphoner en Israël et à Tunis. Pérès est constamment au bout du fil. Abou Ala et Hassan Asfour, eux, appellent fréquemment l'« Agence juive ». Ce sobriquet désigne un petit bâtiment de la capitale tunisienne, situé 9, rue Ahmed-Boukari, à cent cinquante mètres de la villa d'Arafat. Là se trouvent les bureaux du numéro deux de l'OLP, Abou Mazen, qui contrôle le département des Affaires israéliennes.

Les deux délégations se séparent en emportant dans leurs serviettes le projet d'accord.

A Jérusalem, Pérès est convaincu que cette fois on approche du dénouement. Le 16 juin, il se rend à Vienne pour participer à la conférence des Nations unies sur les droits de l'homme. Il a un long entretien avec Andreï Kozyrev, le ministre russe des Affaires étrangères, auquel il transmet un message : « Contactez Arafat et dites-lui que nous sommes sérieux et déterminés. »

Trois jours plus tard, l'ambassadeur de Russie en Israël lui apporte la réponse du président de l'OLP : « Nous sommes satisfaits. »

Shimon Pérès décide alors d'envoyer au Caire Nimrod Novik, spécialiste des missions délicates. Cet homme d'affaires prospère va rencontrer longuement, le 19 juin, Osama El Baz. Pendant des heures, l'Israélien et le conseiller spécial de Hosni Moubarak évoquent les divers points en litige. Notamment l'exigence palestinienne d'une route qui relierait Gaza à Jéricho. Novik reste inflexible.

El Baz, excédé, lui lance :

– Nous devons être créatifs ! Il faut trouver une solution, un moyen de relier les deux zones. Je suis d'accord avec vous, un tel corridor ne pourra bénéficier du statut d'exterritorialité et l'armée israélienne devra continuer de contrôler les deux extrémités. Mais trouvons un aménagement acceptable pour chaque camp.

Osama El Baz s'absente trois heures pour consulter Yasser Arafat qui séjourne au Caire. Contrairement à ce qui a été dit et écrit, Novik n'a pas refusé de rencontrer le leader de l'OLP. « Je n'ai jamais eu, nous confiera-t-il, ce genre d'inhibition idéologique. »

A son retour, El Baz reprend la discussion avec Novik, pendant encore près de deux heures. L'homme d'affaires va jouer un rôle important sur un point : Meretz, un parti de la coalition au pouvoir à Jérusalem, prône une solution négociée. El Baz et les Palestiniens sont convaincus que ce parti adoptera une position plus souple que les travaillistes. « Ne vous faites pas d'illusions, tranche Novik, sur l'affaire de la route, comme pour le statut de Jérusalem, il n'y aura aucune divergence entre les membres de la coalition. »

El Baz, qui rapporte les exigences d'Arafat, indique que le chef de l'OLP souhaite également contrôler les points d'entrée à Gaza, ainsi que les ponts sur le Jourdain, notamment celui d'Allenby qui sert de point de passage vers la Jordanie. Nouveau refus de Novik.

La rencontre suivante en Norvège sera, cette fois, un choc pour les Israéliens. Ils s'attendaient à devoir discuter des cinq points encore en litige, persuadés que l'ensemble de l'accord avait reçu l'approbation de la Direction de l'OLP. Or la délégation palestinienne dépose sur la table un projet entièrement nouveau comprenant une vingtaine de points qui n'avaient jamais, jusqu'ici, été évoqués.

Les Israéliens se retirent pour examiner le document.

Le ton et les formulations ne sont pas ceux utilisés, jusqu'ici, par Abou Ala. Pour Savir et Singer, il est plus que probable que le chef du département économique de l'OLP a été désavoué pour avoir adopté des positions trop souples. Les Israéliens reviennent dans la salle de réunion et Savir, d'un « ton froid et dépassionné » selon Hirschfeld, lâche à ses interlocuteurs médusés :

– Ceci est bien dans les méthodes de l'OLP qui n'hésite jamais à rater une occasion importante. Au fond, vous vous moquez du sort des habitants des territoires occupés et vous confirmez, hélas, tous les doutes que l'on peut avoir à votre propos.

Abou Ala, d'habitude détendu et souriant, offre un visage fermé.

– Nous agissons comme vous, répond-il. Lorsque Yoël Singer est venu, vous avez exigé de reprendre les négociations pratiquement au début. Nous avons accepté.

L'avocat l'interrompt :

– Mais il existe une grande différence. Jusqu'à mon arrivée et celle d'Ouri Savir, aucune négociation officielle n'était engagée. Vous parliez à deux professeurs d'université. Et puis, la dernière fois, nous étions tous tombés d'accord sur un plan. Vous approuviez ce projet.

Le ton devient tendu et les échanges de plus en plus heurtés. Hassan Asfour lance à Singer et Savir :

– Vous cherchez à tout détruire et vous reprenez le ton et le langage que les Israéliens ont toujours adoptés dans le passé. Nous avons consacré des mois à discuter de l'avenir et non du passé. Si vous voulez désormais négocier sur le passé, alors arrêtons tout.

– Mais enfin, réplique Savir, nous avons examiné tous les problèmes, comblé tous les fossés. Il y a eu un effort considérable consenti de chaque côté, et vous êtes en train d'essayer de négocier un nouvel accord. Nous ne pouvons pas continuer.

Les deux délégations quittent la table, l'impasse est totale. Israéliens et Palestiniens bouclent leurs valises et se préparent à reprendre l'avion. Larsen, effondré, va trouver Abou Ala :

– Au nom de notre amitié, je vous demande une dernière chose : acceptez de rencontrer encore une fois Ouri Savir, ne serait-ce que cinq minutes.

Le Palestinien commence par refuser puis se laisse fléchir :

– Je vais aller marcher dans les bois pour me détendre. Je le verrai à mon retour.

La discussion ne va pas durer cinq minutes mais deux heures. Singer, présent aux côtés de Savir, propose à Abou Ala de « couper la poire en deux. Vous avez évoqué vingt nouveaux points. Eh bien, nous nous engageons à faire des concessions sur dix d'entre eux. Faites de même pour les dix autres ».

Savir ajoute : « Mais nous exigeons des réponses catégoriques : ce sera oui ou non. »

Abou Ala répond sèchement :

– Je transmettrai cette proposition à ma direction.

Les Norvégiens, inquiets de ces divergences, s'engagent activement. Jorgen Holst, le ministre des Affaires étrangères, s'envole à la fin du mois de juin pour la Tunisie, en compagnie de Larsen et de la femme de ce dernier, Mona Juul. Officiellement, pour passer quelques jours de vacances dans une villa louée en bord de mer. En réalité, il rencontre à plusieurs reprises, secrètement, Yasser Arafat. Holst convaincra le chef de l'OLP de faire des concessions sur les points en litige.

« Bon, lui répondra Arafat, nous sommes prêts à changer nos positions, mais pas sur dix points. Uniquement sur sept. »

La réponse est transmise à Jérusalem. Arafat demande également aux Norvégiens de peser sur les Israéliens pour qu'ils acceptent enfin l'idée d'un corridor reliant Jéricho à Gaza. Des cartes étalées dans son bureau envisagent tous les tracés possibles. Holst promet d'intercéder. Arafat, transformé en « grand-papa gâteau », offre une superbe montre au fils du ministre âgé de quatre ans.

Les Norvégiens s'envolent ensuite pour Tel-Aviv où ils auront deux jours d'entretien avec Pérès. La crise qui vient de surgir a tempéré l'enthousiasme du responsable israélien. Il interroge longuement ses hôtes sur l'état d'esprit et les intentions d'Arafat. « Franchement, leur demande-t-il à un moment, est-il vraiment sincère et déterminé ? »

Brusquement, Pérès doute et vacille. « Il avait l'impression, confiera un de ses intimes, d'avoir touché du doigt la solution, et brusquement elle semblait s'éloigner. Il savait qu'Arafat était la clé de toutes les décisions stratégiques et il pensait avoir compris sa psychologie. Soudain le chef de l'OLP redevenait une énigme. »

12

ARAFAT AU FIL DU TEMPS

Tant que Yasser Arafat ne fut pas certain de l'engagement personnel de Rabin, il suivit les négociations d'Oslo d'un œil distant, laissant à Abou Mazen le soin de contrôler leur déroulement, par l'intermédiaire de son second, Hassan Asfour. Mais après l'arrivée en Norvège de Yoël Singer, homme de confiance du Premier ministre israélien, Yasser Arafat se fit plus présent. Il lisait et relisait les comptes rendus que la délégation palestinienne d'Oslo adressait régulièrement à Tunis, et passait des heures au téléphone avec Abou Ala, que le chef de l'OLP a toujours considéré comme faisant partie de son clan.

Yasser Arafat est entré en politique par la grande porte des médias le 12 janvier 1953 au Caire. En ce jour anniversaire de la défaite des armées arabes en 1948 devant Israël, le jeune président de la ligue des étudiants palestiniens porte une pétition au président égyptien. Des journalistes l'accompagnent. Sa pétition s'allonge de milliers de signatures mais elle ne comporte qu'une seule phrase : « N'oubliez pas la Palestine! »

Il l'a écrite de son sang.

Mohammed Abdel-Raouf Arafat Al Qudwa Al-Husseini est né le 4 août 1929, non en Palestine mais au Caire. Il est le sixième enfant d'un marchand prospère. Le père du futur Yasser Arafat a quitté Jérusalem pour la capitale de l'Égypte en 1927. La famille s'est installée dans un bel appartement non loin du centre, dans le quartier Sakakini. Le garçon passe son enfance dans ce milieu cosmopolite où Libanais, Arméniens, Grecs et Juifs cohabitent sans heurt depuis des générations. Élevé dans une si bonne entente, il rêve à un État palestinien où vivraient ensemble les chrétiens, les juifs et les musulmans. Mais il croit aussi, à cause de ces souvenirs du Caire, qu'un tel pays s'accommoderait de l'islam comme religion d'État.

L'enquête nous mène, bien sûr, à Tunis, dans le bureau de Yasser Arafat. Au mur, des cartes, des photos – celle de la mosquée El Aksfa. Trois personnes parlent en même temps : le chef de l'OLP, président de l'État indépendant de Palestine, les écoute en regardant un dessin animé à la télévision, le son coupé. Il est formel, il se souviendra de tout ce qui se dit. Il a l'habitude qu'on le sollicite sans cesse.

Jusqu'à son mariage récent, ses collaborateurs pouvaient entrer chez lui à n'importe quelle heure du jour ou de la nuit. Désormais il s'accorde quelques heures de vie privée – très peu, à vrai dire. Certains vieux militants sont déroutés par ce changement, la porte close les exaspère.

Quels sont les hommes politiques qu'il admire le plus ? Yasser Arafat répond :

– Ben Gourion et de Gaulle.

Premier cité, le fondateur d'Israël.

Le sionisme exerce une curieuse fascination sur les Palestiniens. Ils l'ont haï, ils l'ont combattu mais ils copient son organisation. Les rouages internes de l'OLP se calquent en bien des points sur le modèle ennemi. Seconde similitude : comme David Ben Gourion, Arafat se fait appeler le « Vieux ». D'autres chefs ont été ainsi nommés, Trotski, Houphouët-Boigny, mais, dans le cas d'Arafat, c'est avec le vieux Juif à tête de lion qu'on doit faire le rapprochement. A quarante ans de distance, ils poursuivent le même but : sauver un peuple, créer un État.

En de Gaulle, Arafat admire l'homme qui a mis fin à la guerre d'Algérie. Le général de droite, autoritaire et lucide, a su imposer à la France l'indépendance algérienne, le retour d'un million de Pieds-Noirs. Il a décolonisé contre ses propres partisans, réalisant une politique libérale que la gauche était incapable de mener à terme.

Bien qu'il ne veuille pas l'admettre, voilà sans doute pourquoi Yasser Arafat a cru longtemps qu'en Israël, seul un homme fort, un homme de droite, saurait braver l'impopularité, reconnaître l'OLP, évacuer les territoires. Il a cherché le contact avec les hommes du Likoud.

L'accord entre Anouar El-Sadate et Menahem Begin, suivi de la restitution du Sinaï à l'Égypte, sembla lui donner raison.

Nous savons qu'à de nombreuses reprises il approcha la droite israélienne alors au pouvoir. La tentative la plus sérieuse fut celle de l'été 1987.

Le représentant de l'OLP en Cisjordanie, Fayçal Husseini [1]*, négocia avec Moshé Amiran, un vétéran du Likoud.*

L'Israélien rendait compte à deux ministres de l'évolution des pourparlers : Dan Méridor et Ehoud Olmert, depuis maire de Jérusalem.

L'objectif des pourparlers était simple : mettre en présence Itzhak et Yasser.

Par l'entremise de ses négociateurs, Arafat avait fait savoir qu'il était prêt à la reconnaissance réciproque et à l'arrêt de toute violence. En échange, il réclamait l'évacuation des territoires.

Itzhak Shamir approuvait ces discussions.

A cette époque, Shimon Pérès recherchait un accord secret avec le roi Hussein. Shamir tenait donc à prouver

1. Épaulé par Saïr Nusseïbeh et Salah Zahaïka.

à l'homme de gauche israélien que lui, le chef de la droite, était capable de parler aux Palestiniens eux-mêmes. Mais il savait que la direction de son parti le désavouerait.

Devant le progrès rapide des tractations, il paniqua et rompit. Et il exclut Moshé Amiran du Likoud.

Shamir n'était pas de Gaulle. Pour Yasser Arafat, ce fut une leçon : l'Histoire ne donne pas de modèle.

Un an après, à l'été 1988, tout bascula. Le roi Hussein se dégagea soudain de ses responsabilités en Cisjordanie, il cessa de payer les anciens fonctionnaires palestiniens de son royaume brisé, replia ses prétentions sur l'autre rive du Jourdain et laissa Israël et l'OLP face à face. Pour Arafat, il ne restait qu'une seule chance, s'entendre avec les travaillistes...

Dans son bureau de Tunis où il nous reçoit, Yasser Arafat écoute ces explications. Est-ce bien ainsi qu'il a cessé de voir un partenaire dans la droite israélienne ? Est-ce bien ainsi qu'il s'est tourné vers la gauche ? Il prend un air amusé et s'offre le plaisir de ne rien confirmer sans rien démentir. Il est ailleurs. Il bavarde avec ses ambassadeurs rentrés de leurs pays d'attache. Puis il nous offre du café, change d'humeur, devient enjoué, distribue des sucreries. Le voilà assez décontracté pour revenir sur le sujet.

Oui, il a eu le sentiment que le jour où le roi Hussein s'est définitivement écarté de la Cisjordanie, l'Histoire prenait un tournant. Et qu'il fallait agir vite. A ce moment-là, il a compris que, pour s'entendre avec Israël, il ne pourrait éviter de faire des concessions.

Quelques minutes après cette précision essentielle, Yasser Arafat revient en arrière, selon cette dialectique terrible qui caractérise le chef de l'OLP. Non, non, nous avons mal saisi, il était déjà prêt à traiter avec Israël bien avant cette date du 31 juillet 1988. Mais là, il ne nous donne aucun détail, ne révèle pas à quelles conditions il se serait accordé avec les Israéliens quand les Jordaniens faisaient encore partie du jeu.

Arafat ne dit rien non plus des Palestiniens de l'intérieur. Leur attitude a-t-elle pesé sur ses propres décisions et sur le cours des événements? Silence et dérobade.

Et pourtant!

Les militants des territoires occupés, lâchés par le roi Hussein, se sont retrouvés devant le vide. La politique, on le sait, a horreur du vide. Ils ont aussitôt imaginé de le combler par la création d'un gouvernement provisoire palestinien. Ils ont couché leurs idées par écrit, rédigé une liste des membres du futur cabinet.

Les services secrets israéliens découvrirent ce papier compromettant au domicile de Fayçal Husseini et s'empressèrent de le rendre public. Bien sûr, le nom d'Arafat figurait en tête. Mais le projet de gouvernement comprenait surtout des personnalités de Gaza et de Cisjordanie, quasiment personne de Tunis. Arafat perdit toute illusion. S'il laissait les Palestiniens de l'intérieur négocier eux-mêmes un accord, que ce soit en Cisjordanie ou à Washington, il perdrait le vrai pouvoir sur le futur exécutif palestinien.

D'où une brusque multiplication des contacts avec les Israéliens. Arafat fait joindre des sympathisants du parti travailliste comme Yossi Sarid ou Shulamit Aloni. Et même des amis personnels de Shimon Pérès, comme Karl Kahana, un riche Juif de Vienne.

Arafat nous raconte comment cet essai-là échoue lui aussi, absurdement : au moment où Kahana met sur pied une entrevue secrète avec Shimon Pérès, le Viennois meurt d'une crise cardiaque.

Un jour de 1992, Abou Ala envoie d'Oslo, par l'intermédiaire d'Abou Mazen, les premiers rapports sur ses discussions avec les deux professeurs israéliens proches de Shimon Pérès. Arafat saisit l'occasion par les cheveux.

– Tout a changé, nous précise-t-il, quand nous avons su que Rabin approuvait personnellement ces pourparlers à Oslo. L'arrivée en Norvège d'un de ses hommes, le

juriste Yoël Singer, nous a convaincus. Ce Singer a remis en question l'ensemble de ce qui avait déjà été discuté. Malgré cela, j'ai décidé de continuer, contre l'avis de certains de mes amis. J'étais déjà persuadé, moi, que ces négociations étaient les seules qui vaillent. Dans mon esprit, j'ai abandonné toutes les autres, y compris la conférence officielle de Washington.

Arafat éprouve une sympathie pour Pérès, mais c'est Rabin qui l'impressionne. Le général Rabin. Le soldat, l'homme fort.

Nous lui avons demandé à quoi il songeait dans l'avion qui le menait à Washington. Il n'a pas répondu, il ne se souvenait plus. Mais quand nous l'avons interrogé sur ce qu'il pensait d'Itzhak Rabin, il a laissé tomber :

– C'est un militaire...

– Vous aussi, vous êtes militaire!

– Oui. Mais moi, dit Arafat, je suis en plus un homme politique.

– Rabin également.

– Oui. Mais moi, reprit-il, je suis aussi ingénieur des Travaux publics!

Et les collaborateurs du chef de l'OLP d'éclater de rire. Ce n'est pas juste une plaisanterie, Yasser Arafat demeure très fier de son diplôme de l'université du Caire.

Dans l'espoir de contribuer à l'impossible rencontre des Israéliens et des Palestiniens, l'un de nous a vu Yasser Arafat en plusieurs occasions depuis 1969.

Extrait des notes de Marek Halter :

1969. Première rencontre avec Yasser Arafat.

Je me suis rendu en Jordanie, à Jebel Hussein, près d'Amman. Il y avait Sala Khalaf, alias Abou Iyad, son ami depuis l'université. Entrevue orageuse. J'ai commencé par une déclaration de principes pro-israélienne, le chef de l'OLP m'a pris pour un espion. Peut-être même pis, pour un provocateur.

Au moment où je prenais congé, Arafat m'a lancé avec dépit :

– Je vous donne rendez-vous dans un an à Tel-Aviv.

– Dans ce cas, je vous tuerai un jour avant! ai-je crié.

J'étais parfaitement inconscient de la portée de mes paroles. Arafat blêmit. Puis il préféra prendre ma sortie pour une boutade et il éclata de rire. Je pense que c'est seulement à ce moment que j'ai commencé à l'intéresser.

Un an plus tard, Arafat se trouvait à Beyrouth et non pas à Tel-Aviv. L'homme porte son destin attaché au cou, nous dit le Coran. Les Bédouins du roi Hussein, massacrent les Palestiniens de Jordanie au mois de septembre 1970 : Septembre Noir. Certains s'échappent, parfois même vers Israël ; les dirigeants et les cadres se replient à Beyrouth.

1972. Deuxième rencontre.

Avant de me rendre à Beyrouth, je veux en informer Golda Meir, Premier ministre d'Israël. J'aime bien Golda. Nous parlons le yiddish, ma langue maternelle. Malgré nos divergences sur le problème palestinien, elle tient dans ma vie la place de la grand-mère que je n'ai pas eue, dont la guerre m'a privé.

Je l'avertis que je vais rendre visite à Arafat. Elle entre dans une colère si violente que je crains que notre relation filiale ne s'arrête là.

– Comment peux-tu parler à cet individu ? Comment peux-tu serrer la main d'un homme qui a donné l'ordre de tuer des enfants juifs! Comment peux-tu serrer cette main pleine de notre sang!

J'ai essayé de la calmer. J'ai expliqué qu'Israël n'avait pas choisi ses ennemis, et que la paix se fait avec les ennemis qu'on a. Que Moïse lui-même avait parlé à Pharaon, responsable de la mort de dizaines de milliers d'enfants juifs...

Elle m'interrompt, sans aucun humour.

– Tu n'es pas Moïse!

Je lui réponds humblement :

– Je sais, c'est Dieu qui a ordonné à Moïse de parler à Pharaon, j'ai lu le Livre. Moi, personne ne m'a donné l'ordre de parler à Arafat de la paix avec Israël. Sauf ma conscience.

– Ta conscience!

– Oui. S'il existe une seule chance, une chance sur un million d'aboutir à la paix? De préserver la vie des enfants, des enfants juifs et des autres? Sincèrement, Golda, tu crois que cela ne vaut pas la peine d'essayer?

Au bout de quelques minutes elle s'est radoucie et m'a raccompagné à la porte.

J'étais très triste.

Je n'ai pas besoin de sa permission pour me rendre à Beyrouth, mais par honnêteté, par fidélité, je ne veux pas contacter de dirigeants arabes ou palestiniens sans prévenir le gouvernement israélien. Je suis bien conscient qu'il s'agit avant tout de l'avenir d'Israël et de ses habitants.

Tracassé, je m'endors tard. A l'aube, Golda me réveille au téléphone. Un mot, un seul mot en hébreu.

– Leh'.

Vas-y.

Voilà pourquoi et comment je me rends pour la première fois de ma vie à Beyrouth. Pour y revoir Arafat. Entrevue orageuse de nouveau, mais courte. Courte, parce qu'il doit inopinément aller à Damas, et orageuse parce qu'il tient un discours plus anti-israélien que jamais. Pas la moindre possibilité d'ouverture. Il veut toujours rayer Israël de la carte du monde.

1978. Peu de temps après le voyage d'Anouar El-Sadate à Jérusalem. Arafat m'invite à venir le voir de nouveau à Beyrouth [1].

1. On trouvera un récit de cette entrevue et de la suivante dans : Marek Halter, *Un homme, un cri*, Laffont, 1992.

Je descends comme convenu à l'hôtel Saint-Georges. Personne ne m'y attend. Vers une heure du matin, un certain Fahti me téléphone pour me donner rendez-vous dans la matinée. Le lendemain, comme d'habitude en Orient, je patiente plus de deux heures dans le hall. Arrive un jeune messager. On viendra me chercher à midi...

A 14 h 30, enfin, une grosse Mercedes s'arrête devant l'hôtel et m'embarque. Je vois que le chauffeur est armé.

Une sorte de pavillon de banlieue. Un groupe de fed-dayin à Kalachnikov montent la garde. Le chauffeur parlemente un moment puis gare la voiture dans un va-et-vient d'hommes en armes. On me mène à un salon à la fois nu et cossu, peuplé d'hommes armés assis sur des canapés. Je n'ai jamais autant vu de fusils d'assaut, de mitraillettes et de pistolets. Au centre, Arafat en treillis, un revolver à la ceinture :

– Welcome back to Beyrouth! *dit-il en me tapant sur l'épaule.*

Il poursuit en arabe, traduit par un Palestinien rondelet. Il me demande :

– Alors, comment va la paix?

– Mieux, dis-je. Sadate a fait le premier pas...

– Sadate, c'est l'Égypte. Et l'Égypte voulait récupérer ses territoires.

– Et vous?

– Pour nous, dit Arafat en montant la voix, c'est de la Palestine qu'il s'agit.

– De toute la Palestine?

Arafat prend un air soupçonneux :

– Qu'Israël commence par rendre les territoires occupés pendant la guerre de 1967.

Je saisis l'occasion :

– Pour les obtenir, seriez-vous prêt à faire le même geste que Sadate?

– Aller à Jérusalem?

– Oui.

– Mais c'est aux Israéliens de nous reconnaître d'abord!

J'en étais sûr! Je répète ma question :

– Seriez-vous prêt à annoncer au monde entier que vous vous rendez à Jérusalem pour discuter avec les dirigeants israéliens?

Les hommes armés s'agitent sur les canapés.

Arafat me renvoie chaque mot. Le geste de Sadate? C'est quoi, le geste de Sadate? Reconnaissance? Il demande maintenant :

– Discuter de quoi?

– Des territoires occupés. Pour que vous puissiez enfin y créer un État palestinien. Qui d'ailleurs ne sera certainement pas viable sans une fédération avec la Jordanie, mais cela, c'est votre affaire...

Là, Arafat se lève. Il prend un tabouret et se pose près de moi. Il me regarde de son œil éternellement mouillé et demande :

– Le terroriste Begin accepterait de parler avec Arafat?

– Avec le terroriste Arafat? Certainement. Si vous déclarez auparavant que vous venez parler de la paix.

– Mais s'il n'acceptait pas?

– Des centaines de milliers d'Israéliens en ont assez de la guerre, ils descendraient dans la rue. Dans une démocratie, le gouvernement doit tenir compte de l'opinion publique.

– Si je comprends bien, vous voulez que je me présente sur le pont Allenby et que je dise aux soldats israéliens : je suis Yasser Arafat, le président de l'OLP, conduisez-moi auprès de M. Begin, s'il vous plaît!

– Non. Je vous demande seulement de faire une déclaration publique.

On nous apporta du café. La conversation était terminée. Arafat savait ce qu'il voulait savoir, il avait dit ce qu'il avait à dire. Il regarda sa montre et se leva.

– My friend, I have to go, *dit-il en anglais avant de*

revenir à l'arabe. Continuez, vous réussirez peut-être un jour...

– Vous pourriez m'aider, insistai-je. Pourquoi ne pas publier une déclaration ? Venant après le voyage de Sadate, elle aurait un retentissement immense. Vous ne risquez rien.

– Sauf ma vie. Si je fais cette déclaration, le docteur Habache me tuera.

Je perdis patience.

– Monsieur le Président, vous avez peur de risquer votre vie pour votre peuple ?

Colère de Yasser Arafat :

– Je n'ai jamais eu peur de risquer ma vie pour mon peuple !

Les hommes armés se levèrent des canapés.

Je continuai.

– Il faut parfois plus de courage pour parler à son ennemi que pour le combattre !

– Dites cela à vos amis israéliens ! s'écria Arafat.

Il ajouta d'une voix plus calme :

– Chaque chose en son temps. Il est trop tôt.

Il répéta :

– Il est trop tôt.

Juillet 1988. J'ai une idée, un éditeur s'emballe : il faut obtenir une autobiographie d'Arafat. Parce que, à part le keffieh et de mauvaises images de télévision, une réputation de révolutionnaire acquise par le terrorisme, ou encore une réputation de terroriste gagnée sur des enfants morts, personne ne sait rien de l'homme, de son enfance, de son extraordinaire vie de pourchassé, de son entêtement.

Je téléphone à Tunis.

– Que pensez-vous de cela, écrire l'histoire de votre vie ?

Une hésitation :

– Je n'ai pas le temps d'écrire.

Un silence. Il reprend :

– Mais si vous aviez sous la main un journaliste... Homme ou femme, mais de préférence originaire de Palestine, alors oui, je pourrais lui raconter ma vie. Et après, tous les deux, on écrirait peut-être le livre...

Un journaliste palestinien ? Ce serait aussitôt la langue de bois, l'hagiographie. L'idéologie plutôt que la vie et l'aventure. Il faut une femme.

Je pense à Souha, la fille de la journaliste Raymonda Tawill, cette passionaria palestinienne avec qui nous avons lié amitié. Souha serait parfaitement capable d'interviewer Arafat.

2 août 1988. Raymonda Tawill, de passage à Paris, m'annonce que le « Vieux », comme elle dit, veut me voir le plus vite possible.

Qui aurait cru que dix ans après m'avoir fait venir à Beyrouth, Yasser Arafat m'inviterait à nouveau ?

20 août 1988. Tunis. Je descends au Hilton, tous les Palestiniens y vont. Ce soir-là ils sont particulièrement nombreux, réunis pour une conférence sur les problèmes financiers de l'OLP. Dans le salon, au restaurant, au bord de la piscine, ils sont arrivés du monde entier. Ils me font penser aux sionistes venus d'Amérique, d'Allemagne, de France, de Grande-Bretagne...

Une diaspora.

Je les entends commenter les moindres événements des territoires occupés et, surtout, lancer leurs pronostics sur les prochaines élections israéliennes.

Il y a vraiment de quoi réfléchir, c'est en résumé l'histoire de notre siècle : opprimés et totalitaires, ils parlent de la démocratie des autres.

Je retrouve Marwan Kanafani, qui habite Washington, et le poète Mahmoud Darwish, qui vit à Paris. Nous sommes loin de l'atmosphère guerrière de Beyrouth. Ici, plus d'uniformes kaki, de grenades accrochées à la ceinture. Le temps est passé sur les hommes et sur les idées.

Poursuivant mon idée d'autobiographie, j'emmène Souha Tawill rendre visite au chef palestinien.

Dans le bureau voisin de celui d'Arafat, je revois quelques-uns des leaders de l'OLP que j'avais croisés à Beyrouth. Ils ont vieilli. En bras de chemise, les yeux fatigués, ils relisent la dernière mouture d'une déclaration, une de plus. Des pages éparpillées sur la table palpitent sous un ventilateur.

Arafat a changé, lui aussi. Sa barbe a blanchi et je le vois mettre des lunettes pour lire.

Il parle un meilleur anglais et se passe d'interprète. La conversation prend vite un tour personnel et comme il aime parler, parler, parler, cela dure jusqu'à 3 heures du matin.

Je l'écoute, bouleversé. Pour la première fois, c'est fascinant. Il m'annonce que le paragraphe de la charte de l'OLP qui prévoit la destruction d'Israël sera annulé. Qu'il admet le principe de négociations avec Israël. Il m'annonce surtout qu'il accepte l'idée d'un État palestinien à côté d'Israël, en paix avec Israël.

Pour finir, il me dit :

– Ce n'est pas un entretien. Je me suis engagé à n'en donner aucun avant notre Congrès qui se tiendra à Alger d'ici un mois ou deux.

– D'accord, je me débrouillerai.

– Je vous fais confiance, dit-il.

Et il me demande qu'on nous photographie en souvenir de cette rencontre.

31 août 1988. J'écrivis ces nouvelles stupéfiantes dans un article publié simultanément dans le New York Times, le Monde, Il Corriere della Serra, Maariv *en Israël,* Espressen *à Stockholm,* Cambio 16 *à Madrid et* El Ahram *au Caire.*

Septembre 1988. Le papier provoqua un scandale au sein de l'OLP, mais Arafat ne me démentit pas. J'avais fidèlement retranscrit ses paroles. Il avait vraiment changé : un an plus tôt, il ne se serait pas gêné pour m'accuser de provocation.

Fin 1988. Arafat passe par Paris rencontrer les dirigeants français. Patrick Poivre d'Arvor me propose que nous l'interrogions ensemble. En direct à la télévision, Yasser Arafat confirme ce qu'il m'avait dit sur la charte de l'OLP. L'article sur la destruction d'Israël est caduc.

Cela fait un bruit énorme et chacun cherche « caduc » dans son dictionnaire. « Qui n'a plus cours... Synonymes : périmé, annulé... »

Pourquoi m'avoir raconté tout cela, à moi ?

Arafat se figure, comme beaucoup de gens, que le peuple juif constitue une force médiatico-financière ramifiée de par le monde, et que ce magma dispersé a des représentants et des porte-parole. Et il croit que j'en suis un. Comme il a entamé une campagne de séduction envers les juifs, il s'est souvenu de moi.

J'ai beau lui expliquer que les juifs n'ont ni roi, ni pape, ni porte-parole, qu'un Juif belge, vénézuélien, français ou britannique n'est que le citoyen de son propre pays et ne parle qu'en son propre nom, je ne l'ai pas convaincu.

Évidemment, la publication de notre conversation dans huit pays à la fois le confortera dans son idée. S'est-il rendu compte que c'est à cause de lui, pas de moi ?

1993, octobre. Je le trouve très amaigri, fatigué, le poil nettement plus blanc. Mais l'œil noir pétille. Il m'embrasse. Arrive sa jeune et nouvelle épouse, blonde, belle et admirable, la seule femme de son entourage. C'est Souha Tawill, la journaliste palestinienne que je lui avais présentée.

Yasser Arafat et Souha n'ont jamais écrit leur livre, ils se sont mariés.

J'évoque le jour où je lui ai amené Souha pour qu'elle l'aide à rédiger cette biographie. Cela le fait rire. Il n'aime pas parler de sentiment.

En arrivant à Tunis, j'ai découvert que la lumière qui enveloppe la ville est aussi transparente, aussi dorée que celle de Jérusalem.

13

LA PAIX EN PÉRIL

La réunion s'acheva le 6 juillet, à 7 h 30 du matin, dans l'euphorie. La tension des séances précédentes avait disparu et toutes les difficultés semblaient cette fois aplanies. Les délégués séjournaient dans une propriété, située non loin d'Oslo. Hirschfeld glissa à Singer : « Maintenant, je crois que la cuisson du gâteau est correcte. »

L'avocat avait souri. Toute la nuit, Israéliens et Palestiniens avaient réécrit l'ensemble des textes en tenant compte des positions de l'adversaire. Hassan Asfour et Ron Pundik assuraient la frappe, assis devant des ordinateurs portables. Trois points, seulement, restaient encore en suspens, mais ils semblaient tellement secondaires que Savir avait déclaré : « Accordons-nous sur ce que nous avons déjà réglé et conservons ces trois problèmes pour la prochaine étape. Nous sommes sûrs de les résoudre. » Hirschfeld se rappelle : « Nous sommes repartis triomphalement. »

Il était urgent d'en finir car des informations commençaient à filtrer dans la presse. Une dépêche de l'AFP, en provenance de la capitale américaine, mentionnait l'existence de contacts secrets à Oslo. L'information, vigoureusement démentie par les Norvégiens, fut diffusée fin juin. La fuite provenait du Département d'État. Le *Jerusalem Post* avait eu connaissance du voyage éclair de Nimrod Novik au Caire, le 19 juin. L'influent quotidien *Haaretz* fit état, le 12 juillet, de « négociations secrètes ».

Rabin démentit sèchement, en affirmant : « Israël ne signera qu'avec la délégation palestinienne qui négocie actuellement avec nous à Washington. »

Enfin, un article publié dans un journal américain indiquait que Yoël Singer poursuivait des discussions secrètes dans la capitale américaine avec Nabil Chaath, le conseiller d'Arafat. Aucun de ces papiers ne dévoilait la vérité. Les noms et les lieux étaient le plus souvent erronés, mais le filet se resserrait.

L'Égypte était probablement à l'origine d'une bonne partie de ces fuites, en raison du jeu triangulaire auquel elle se livrait. Elle tenait un rôle d'« honnête courtier » auprès d'Israël, de l'OLP et des États-Unis. Seul un petit groupe d'hommes au Caire était dans le secret, mais, dans une région « bruissante » de rumeurs comme le Moyen-Orient, une information confidentielle finit toujours par être connue et divulguée.

Osama El Baz prenait de plus en plus à cœur son rôle d'intermédiaire. Venu en Israël au début du mois de juillet, au moment même où les deux délégations négociaient en Norvège, le conseiller de Hosni Moubarak avait rencontré Novik, Beilin et Pérès. Dans ses discussions avec les trois hommes, il s'était cantonné à des généralités. Le lendemain matin, à 7 h 30, Rabin le reçut à son domicile. Ils devisèrent cordialement jusqu'à 9 heures.

– Nous devons nous interrompre, dit Rabin. J'ai une réunion du cabinet.

– Non...

Le Premier ministre, abasourdi, regarda le petit homme vif et nerveux. Capricieux et imprévisible, El Baz adorait ce rôle d'enfant terrible. Il poursuivit :

– Vous ne partirez pas tout de suite. Vous auriez pu

m'inviter le soir mais vous avez préféré me rencontrer maintenant, alors accordez-moi le quart d'heure dont j'ai besoin.

Rabin se rassit dans son fauteuil. Les deux hommes étaient seuls dans le salon.

– Je vous écoute.

– Je voudrais savoir si vous connaissez vraiment, dans les détails, tout ce qui se passe à Oslo ?

Le chef du gouvernement parut trouver la question saugrenue et répondit avec une pointe d'agacement :

– Bien sûr. Pérès me tient informé.

– Ce n'est pas une réponse, répliqua El Baz. Je veux savoir si vous êtes au courant de chaque mot qui s'échange. Par exemple, savez-vous qu'aujourd'hui même les délégations ont eu une divergence à propos de trois sujets ?

Rabin, surpris, secoua négativement la tête :

– Non, je l'ignorais.

– Bien, rétorqua l'Égyptien d'un ton sec, je dois alors comprendre que vous ne prenez pas cette affaire suffisamment au sérieux.

El Baz se lança dans un monologue qui dura une dizaine de minutes. Brillant et passionné, il entreprit d'expliquer pourquoi la « piste d'Oslo » était la plus importante, celle qui ouvrirait toutes les portes, alors que les discussions de Washington n'aboutiraient jamais.

Il ajouta :

– Si vous donnez officiellement votre accord à ces négociations, en votre nom propre et au nom de l'État d'Israël, alors une ouverture se produira immédiatement.

Rabin l'écoutait, toujours aussi calme. Son visage paraissait seulement plus attentif. Le conseiller du président égyptien adopta soudain un ton solennel.

– Je suis envoyé cette fois par Yasser Arafat, car nous sommes arrivés à un moment crucial du processus.

Le président de l'OLP veut désormais savoir s'il parle avec des fonctionnaires ou avec vous.

Rabin resta un instant silencieux, se leva pour arpenter la pièce, puis revint s'asseoir en face d'El Baz :

– Vous pouvez transmettre à Arafat ceci : j'approuve tout ce qui s'est dit et se dira à Oslo.

Cette conversation revêtit une importance capitale. El Baz se rendit à Tunis et annonça au chef de l'OLP : « Ça y est, c'est vraiment la bonne piste. On va conclure. »

Arafat, qui devait faire face à une contestation grandissante au sein de son organisation, n'aurait pu espérer meilleure nouvelle.

Quelques jours après la visite d'El Baz, l'ancien Premier ministre égyptien, Moustapha Khalil, arriva en Israël. Courtois et distingué, ce banquier de profession avait été un des proches collaborateurs d'Anouar El-Sadate. Retiré de la vie publique, il ignorait tout des négociations d'Oslo, mais le tableau qu'il brossa de l'OLP impressionna ses interlocuteurs. « Israël, dit-il à Shimon Pérès et Haïm Ramon, le ministre de la Santé, devrait aider l'OLP à échapper à la banqueroute. L'organisation a besoin d'une injection immédiate de soixante-dix millions de dollars. Pourquoi ne pas utiliser vos amitiés et vos relais, en Europe, aux États-Unis, pour obtenir cet argent ? Si l'OLP " modérée " s'effondre, les extrémistes d'Hamas, opposés à tout processus de paix, prendront immédiatement le pouvoir. »

Suggérer à l'État juif de sauver l'OLP de la faillite constituait une proposition insolite, mais les détails fournis par l'ancien Premier ministre égyptien confirmaient toutes les analyses faites par les services de renseignements. Les rapports du Mossad, transmis à Itzhak Rabin, décrivaient une organisation palestinienne littéralement en voie d'implosion : les forces armées de l'OLP n'avaient pas été payées depuis des mois. Le commandant des troupes du Fatah au Liban commençait à contester Arafat.

A Bagdad, les agents de la Centrale palestinienne n'avaient pas reçu le moindre salaire depuis sept mois, tandis que les cadres de l'OLP, installés en Libye, prenaient d'assaut l'« ambassade de Palestine » pour réclamer le versement de leurs arriérés. Plus de quinze mille bureaucrates, travaillant dans les diverses administrations et ambassades ouvertes par l'OLP à travers le monde, avaient été congédiés par mesure d'économie. Le financement des universités palestiniennes, implantées dans les territoires occupés, avait cessé tandis que les professeurs ne percevaient plus aucun traitement. Les « familles des martyrs », morts durant l'Intifada, ne touchaient plus aucune pension.

Les problèmes rencontrés par l'OLP, et sa faiblesse grandissante, découlaient d'une réalité simple : elle n'avait jamais été une véritable « organisation de libération ».

Pour Gérard Chaliand, un des meilleurs spécialistes mondiaux sur le sujet, les « mouvements de libération bénéficiaient du soutien des peuples qu'ils représentaient. L'OLP agissait de façon inverse : elle soutenait le peuple et prétendait le représenter. »

Au fil des ans, la Centrale s'était transformée en une gigantesque bureaucratie, fonctionnant avec de somptueux budgets, rongée par la corruption et l'inefficacité.

La noirceur du tableau n'inquiétait pas Rabin. Pour lui, au contraire, l'effondrement de l'OLP représentait un atout majeur dans les négociations engagées. Arafat restait incontournable mais sa fragilité, désormais, réduisait sa marge de manœuvre. Un proche de Rabin l'exprimait avec cynisme : « Arafat n'était plus en mesure de rompre les négociations et il le savait. »

Le président de l'OLP savait aussi que le futur accord, négocié dans le plus grand secret, risquait de susciter de violentes réactions au sein de sa direction et dans une partie de la population palestinienne. Alors, au fur et à mesure que les jours passaient, son anxiété grandissait. Ceux qui travaillaient à ses côtés l'avaient rarement vu aussi tendu, irritable et secret. Dans ses discussions avec Abou Mazen, une question revenait comme un leitmotiv dans sa bouche, chaque fois qu'un point délicat posait un problème : « Rabin est-il informé ? »

Comprendre la psychologie et les véritables intentions du Premier ministre israélien devenait peu à peu, chez lui, une véritable obsession. Il redoutait encore un piège. Quarante-cinq années d'affrontements avaient creusé un abîme de méfiance.

Il choisit d'utiliser un nouvel intermédiaire pour sonder le chef du gouvernement israélien. L'homme auquel il fit appel se nommait Ahmed Tibi.

C'était un médecin arabe israélien de trente-six ans, originaire de Taïbé, où son père dirigeait une succursale de la grande banque israélienne Hapoalim.

Ahmed Tibi s'était fait remarquer en 1987, quand, travaillant à l'hôpital Hadassa de Jérusalem, il refusa de se faire contrôler comme tous les employés arabes.

A l'époque, le Likoud gouvernait et Tibi fut congédié.

Une campagne en sa faveur fut aussitôt organisée par des intellectuels israéliens, relayés par les jeunes loups du parti travailliste, parmi lesquels Haïm Ramon, devenu quelques années plus tard ministre de la Santé d'Itzhak Rabin. Et Raymonda Tawill, qui n'était pas encore la belle-mère d'Arafat, l'introduisit auprès du chef de l'OLP, lors d'un de ses voyages à l'étranger.

Tibi, le visage rond et mobile, fut donc appelé à Tunis au début de juillet. Arafat le reçut à 2 heures du matin :

– Ahmed, demanda-t-il, pourquoi Rabin hésite-t-il encore à me donner Jéricho ?

Le Palestinien de l'intérieur a été mis dans la confidence par Abou Mazen. Il sait que des discussions cruciales se déroulent en Norvège. Mais la question d'Arafat le prend au dépourvu. Il ignorait que Jéricho était un élément de ces négociations.

Le président de l'OLP a retiré son keffieh. Tête nue, sanglé dans son uniforme vert olive qui le boudine un peu, il paraît las, vieilli.

– Il faut, dit-il à Tibi, que tu sondes Rabin, que tu saches s'il est réellement au courant, impliqué. Je dois savoir s'il est sérieux. Mais vite.

Tibi est frappé du climat qui règne au siège de l'OLP : un mélange de désarroi et de méfiance. Arafat l'a reçu en tête à tête, et seuls quelques proches semblent désormais avoir un accès direct à lui. Visiblement, le leader palestinien est devenu encore plus soupçonneux et moins désireux que jamais de déléguer son pouvoir.

De retour à Jérusalem, Tibi appelle immédiatement son ami Haïm Ramon, ministre de la Santé et porte-parole de Rabin. Cet homme à l'allure juvénile, âgé de quarante-deux ans, le reçoit, le 17 juillet, à son ministère :

– Arafat, lui dit Tibi d'emblée, m'a autorisé à vous rencontrer officiellement.

Ramon sourit et répond :

– Rabin, lui, ne m'a pas encore autorisé à vous voir et à vous fournir la moindre réponse.

Tibi retire ses lunettes et frotte ses yeux comme pour dissiper un mauvais rêve.

– Écoutez, Haïm, transmettez à Rabin les questions que lui adresse Arafat. Il veut savoir si le Premier ministre est prêt à négocier directement avec l'OLP et avec lui. Et s'il est prêt également à une reconnaissance réciproque.

Ramon promet d'en parler rapidement. Le lendemain, en début d'après-midi, il téléphone chez Tibi :

– Voulez-vous passer immédiatement à mon bureau ?

Quand les deux hommes se retrouvent, face à face, l'Israélien déclare :

– Rabin souhaite poser, lui aussi, quatre questions à Arafat. Il veut savoir si l'OLP accepte le principe d'une solution en deux temps : d'abord une solution intermédiaire, puis une solution définitive.

» Deuxièmement : l'OLP accepte-t-elle que le statut de Jérusalem soit discuté seulement au cours des négociations définitives ?

» Troisième point : l'OLP admet-elle le fait que les territoires occupés resteront sous contrôle israélien durant la phase intermédiaire ?

» Enfin, dernière question : votre organisation accepte-t-elle aussi que l'ensemble des questions de sécurité reste entre les mains d'Israël pendant toute cette période transitoire ?

Ramon a parlé sans notes et conclut : « Vous savez, Ahmed, combien je suis proche du Premier ministre. Si la réponse est positive, vous aurez probablement ce que vous voulez. »

Tibi rentre chez lui, rédige un compte rendu des réunions puis téléphone à Arafat. A peine commence-t-il à parler de la teneur des discussions que le président de l'OLP l'interrompt.

– Viens immédiatement.

Tibi arrive à Tunis le 22 juillet. Arafat, le visage fermé, écoute les conditions posées par Rabin, puis lâche :

– Je voudrais y réfléchir.

Il quitte la pièce, laissant Tibi seul. Une heure plus tard, le chef de l'OLP est de retour.

– Va voir Abou Mazen. Je viens de lui parler.

Tibi franchit à pied les cent cinquante mètres qui séparent la villa d'Arafat du bureau d'Abou Mazen. Ce dernier, cheveux gris, fine moustache, est vêtu d'une saharienne bleu marine. Il paraît extrêmement nerveux et grille cigarette sur cigarette.

Tibi nous confiera : « Je l'ai souvent rencontré dans le passé, au moins une trentaine de fois, mais ce soir-là je ne le reconnaissais pas. »

Le numéro deux de l'OLP lit à son tour le rapport de Tibi :

– Tout cela est très important, donnez-moi le temps d'y réfléchir. Revoyons-nous demain matin.

A 12 heures, le lendemain, Tibi rencontre à nouveau Abou Mazen, toujours aussi tendu :

– J'ai beaucoup réfléchi. Je ne comprends pas pourquoi Rabin nous pose toutes ces questions. Il connaît notre position. Nous lui avons déjà tout dit.

D'un geste maussade, il dépose le rapport de Tibi sur une table basse placée au milieu de la pièce, avant d'ajouter :

– Franchement, je n'ai aucune envie de répondre.

– Si nous gardons le silence, la situation ne fera qu'empirer...

Abou Mazen fixe Tibi avec un regard sceptique.

– Je vous assure, insiste le Palestinien de l'intérieur. Les Israéliens l'interpréteront comme un signe négatif. Il faut que vous me donniez une réponse.

Il va fournir cinq réponses écrites aux quatres questions. Il accepte toutes les conditions posées par Rabin mais ajoute : « l'OLP pense [...] que le terme sécurité d'ensemble n'est pas acceptable. L'organisation pourrait, en revanche, envisager le terme : sécurité extérieure. »

Le numéro deux de l'OLP demande ensuite à Tibi :

– Quand repartez-vous pour l'Israël ?

– Pas avant une dizaine de jours. Je dois accompagner Arafat en Malaisie, en Corée et au Vietnam.

– Mais vous êtes fou ! hurle son interlocuteur. Rentrez immédiatement et allez donner ces réponses.

Haïm Ramon se montra si satisfait des assurances fournies par l'OLP qu'il en aurait presque félicité Tibi. « C'est un développement très important, lui confia-t-il, je vais tout de suite voir Rabin. » Quelques heures plus tard, le chef du gouvernement rendit son verdict : « Ce sont les positions les plus progressistes que l'OLP ait jamais adoptées. » Rabin maquillait élégamment une réalité amère pour les Palestiniens : ils avaient dû accepter toutes les conditions posées par l'adversaire.

Désormais convaincu qu'« Arafat était pris dans la nasse », selon un de ses proches, il était résolu à ne plus relâcher sa pression. Il chargea Ramon de reprendre contact avec Tibi, le lendemain. Le Palestinien se trouvait à Haïfa et se préparait à partir pour un mariage, quand il reçut l'appel :

– Ahmed, je voudrais vous voir immédiatement.

– Je rentre à Jérusalem demain matin. Prenons le petit déjeuner ensemble.

– Très bien, répondit l'Israélien, passez à mon domicile.

A 8 heures du matin, les deux hommes se retrouvèrent devant un thé. Le ministre affichait un sourire engageant :

– Rabin accepte votre texte, mais une question reste encore en suspens, celle de la juridiction. Rien n'est mentionné.

Tibi répondit, surpris :

– Notre position, telle que me l'a encore réaffirmée Abou Mazen, est claire : la juridiction palestinienne s'appliquera dans tous les territoires occupés depuis 1967, y compris Jérusalem.

– Je sais, rétorqua Ramon. Mais Rabin trouve cette position trop dure.

– Vous souhaitez une réponse rapide ?

– Oui.

– Il faut que je parle avec Tunis.

– Faites-le d'ici, proposa l'Israélien.

Ahmed Tibi appelle le siège de l'OLP, du salon du ministre israélien de la Santé.

– Mais pourquoi les Israéliens sont-ils si soupçonneux ? répond Abou Mazen. Cette question de la juridiction pourra facilement être arrangée.

Cet éclaircissement satisfait Rabin qui, toujours par la bouche de Ramon, annonce : « Je sais maintenant que l'OLP et Arafat sont totalement sérieux. »

En réalité, le chef du gouvernement est un stratège pugnace et habile. « En posant toutes ces questions, commente un de ses proches collaborateurs, il avait testé l'efficacité des lignes de défense palestiniennes. Il était persuadé, désormais, qu'au premier coup de boutoir elles s'effondreraient. »

Le contexte dans lequel évoluent Arafat et son petit groupe de conseillers devient de plus en plus difficile. La nervosité affichée quelques jours auparavant par Abou Mazen, lors de ses rencontres à Tunis avec Ahmed Tibi, venait de nouvelles difficultés surgies à Oslo.

Ouri Savir confiera : « Nous avons fait une erreur stratégique. Nous avons apporté un document, approuvé par Pérès et Rabin, en leur disant quasiment : " Vous l'acceptez ou vous partez. " Nous aurions pu répéter cette phrase un million de fois, ils ne nous auraient pas crus : il était impossible, à leurs yeux, que des Juifs fassent des propositions sans arrière-pensée, sans volonté de manipulation. Ce fut un moment très dur. » Les Palestiniens contestent de nombreux points. Savir téléphone à Pérès, tandis que le ministre norvégien des Affaires étrangères, Jorgen Holst, intervient auprès d'Arafat.

Abou Ala est décidé à partir. Au moment où il s'apprête à quitter la table de réunion, Savir s'adresse aux Palestiniens :

– Vous ne manquez pas une occasion de rater une occasion. Nous avons fait un effort énorme et nous venons d'échouer. Ce n'est pas la fin du dialogue israélo-palestinien. L'Histoire nous imposera de parvenir à un accord. Des gens viendront après nous et triompheront. Mais, en attendant, l'effet sur le terrain va être terrible parce que nos dirigeants auront le sentiment que nous ne pouvons pas parler aux représentants palestiniens. Les plus radicaux, dans les deux camps, vont en sortir renforcés et beaucoup de gens vont mourir. Mais puisque c'est la voie que vous avez choisie, les choses seront ainsi. »

L'intervention de Savir est sèche, dépassionnée. Yaïr Hirschfeld intervient ensuite, beaucoup plus émotif. Il paraît presque au bord des larmes, la voix brisée par la colère.

– Je vous avais promis que notre dialogue économique mènerait à quelque chose de beaucoup plus constructif et j'ai tenu mes engagements. Le gouvernement d'Israël mène des négociations secrètes avec vous. Je vous avais promis que nous arriverions à un accord total. C'est fait. Nous nous sommes rejoints dans la compréhension, et maintenant vous revenez dessus. C'est une tragédie pour vous et une tragédie pour nous.

Abou Ala et Hassan Asfour, visiblement ébranlés, sortent de la pièce sans mot dire. Quelques heures plus tard, le fossé sera comblé. Encore une fois, en y mettant les formes, les Israéliens sont arrivés à imposer leur point de vue.

Les deux camps n'ont plus qu'un objectif : signer l'accord au plus vite.

Une réunion a lieu quelques jours plus tard à Paris, à l'ambassade de Norvège. Abou Ala et Pérès se rencontrent longuement puis les discussions se poursuivent avec Singer et Savir. Commencées à 9 heures, elles se termineront le lendemain matin à 4 heures. Les Palestiniens présentent une nouvelle proposition qui lève pratiquement tous les problèmes précédents. Selon Singer, « l'accord était en grande partie obtenu. Il fallait maintenant conclure rapidement ».

Comme l'écrivait Yves Cuau dans *l'Express* : « Le chemin qui passe par l'enfer de Gaza et la douceur de Jéricho est difficile, presque vertigineux. Il faut souhaiter que les protagonistes aient bien relu saint Luc, chapitre 23, 24 : " Efforcez-vous d'entrer par la porte étroite. " »

14

L'ÉGYPTE S'EN MÊLE

Il paraît que toutes les crises survenues à Oslo se dénouaient au bord du Nil. Arafat y est venu à plusieurs reprises, Pérès de même, Rabin aussi, chacun à leur tour. Et pourtant on a dit que Le Caire n'était rien d'autre qu'une boîte aux lettres. Qu'un facteur en quête de pourboires. Qui croire?

Il nous a semblé important, à ce stade de nos recherches, d'y retourner nous aussi.

L'heure de la paix au Proche-Orient a déjà sonné plusieurs fois au Caire. Chaque fois, des intermédiaires de bonne volonté ont cru approcher du but, être les témoins du moment magique où tout pouvait basculer.

Juin 1970. Dans un bureau meublé de trois fauteuils de cuir vert, nous avons interviewé le plus proche ami d'Arafat, Sala Khalaf dit Abou Iyad, cofondateur du Fatah puis numéro deux de l'OLP. Sur le troisième fauteuil était assis Abou Houl, le chef de la sécurité de l'OLP.

Abou Iyad déclarait : « Nous préparons une force jordano-palestinienne. Nous prendrons le pouvoir à Amman et nous négocierons la restitution des territoires et la paix avec Israël. L'avenir réside dans un État ou une confédération jordano-palestinienne. »

Peu de temps après, les Bédouins du roi Hussein de Jordanie massacraient les cadres palestiniens : Sep-

tembre Noir. Abou Iyad serait assassiné plus tard, le 14 janvier 1991, à Tunis, par des Palestiniens aux ordres d'Abou Nidal qui siégeait lui-même à Bagdad et qu'Arafat soutenait alors.

L'hôte de cette conversation sur une paix avortée était Lotfi El Kholi, écrivain, éditorialiste à El Ahram *et homme de gauche à la manière de son pays, c'est-à-dire anti-israélien, décontracté et drôle. En 1973, il nous transmet l'invitation du secrétaire général de l'Union socialiste arabe, Saïd Mareï, à un colloque sur les relations franco-égyptiennes. Autour du Caire se dressent ses monstrueuses pyramides – quelques-uns de nos ancêtres en captivité ont contribué à les construire voilà cinq mille ans... Nous y allons tout de même, bien sûr.*

Le hall de l'hôtel Sheraton est bourré de monde. Le représentant de l'Union arabe qui nous accompagne nous fraye un chemin à coups de coude jusqu'à la réception. Un mouvement dans la foule laisse voir une douzaine de policiers entourant un groupe. Au centre, Anouar El-Sadate et Boutros Boutros-Ghali, à cette époque ministre des Affaires étrangères.

– Que faites-vous au Caire ? demande Boutros-Ghali. Venez, je vais vous présenter au Président.

Boutros-Ghali lui chuchote quelques mots, Sadate nous regarde un instant avant de prendre la parole en anglais :

– Est-ce que vous venez d'Israël ?

– Non, monsieur le Président, des États-Unis, d'un débat à Harvard.

– Vous avez parlé du Proche-Orient ?

– Non. De la paix au Proche-Orient.

– Vous pensez qu'elle est possible ?

– Et vous, monsieur le Président ?

Sadate sourit et nous demande ce que nous faisons au Caire, puis il nous offre de prendre le café avec lui au bar de l'hôtel.

La première chose que nous nous sommes dite, c'est

que, Juifs polonais et Arabes égyptiens, nous parlions anglais avec le même accent... Nous lui racontons nos démarches pour la paix, il nous interroge sur Israël. Sa conversation fleurit de formules inattendues, il désigne le Jourdain comme « ce ruisseau où coule plus d'histoire que d'eau. »

– Croyez-vous vraiment qu'Israël veuille la paix ?

– Si vous en doutez, vous pouvez mettre Israël à l'épreuve.

Sadate sourit de tout son visage :

– Comment ?

– Parlez-lui. Les Juifs croient au pouvoir du verbe.

Le président égyptien éclate de rire :

– Vous voulez que j'aille à Jérusalem parler avec Mme Golda Meir ?

– Pourquoi pas ?

– Pour parler vraiment, il faut être à égalité et le monde arabe, à tort ou à raison, se sent humilié.

– Mais le monde arabe est immense, et Israël tout petit !

– Justement.

Sadate s'essuie la moustache et les lèvres.

– Si vous revenez en Égypte, prévenez-moi, je serai heureux de vous revoir.

Il fait un pas vers la sortie, puis se retourne pour lancer :

– Continuez à parler de la paix au Proche-Orient : nous, les Arabes, nous croyons aussi au pouvoir du verbe !

Cette entrevue inespérée semblait un rêve. Le mirage se dissipa quelques mois plus tard, le jour du Kippour. La guerre. L'Égypte attaque Israël.

Nous nous sentons trahis. L'un d'entre nous a déjà connu un Yom Kippour de guerre, à Varsovie, en 1939. Bien sûr, bien sûr, il n'y a aucun rapport mais on n'est pas maître de ses souvenirs et au lieu des informations de la radio, il lui semblait entendre le hurlement des

Messerschmitt en piqué. Israël manque de perdre la guerre, finit par la gagner dans un terrible effort et n'en trouve pas davantage les moyens de la paix.

Quatre ans après, mai 1977, grand changement politique en Israël. Le parti travailliste perd les élections pour la première fois depuis trente ans et cède le pouvoir au Likoud. Menahem Begin devient Premier ministre. Cet homme d'extrême droite nous avait un jour déclaré avoir le cœur à gauche – on entend parfois ce genre de paradoxe dans la bouche de ses semblables de par le monde. Il avait été le chef de l'Irgoun, l'organisation de résistance armée au mandat britannique qui s'était distinguée des autres groupes, notamment de la Hagannah, par ses actes de terrorisme contre la population arabe. Le monde entier s'inquiétait : Begin ne ferait jamais la paix, son intransigeance pourrait provoquer une nouvelle guerre. On citait une vieille phrase de Ben Gourion : « Si Begin arrive un jour au pouvoir, il mènera le pays à sa perte. » A présent, Ben Gourion était mort. Sans se préoccuper de ses origines polonaises, ashkénazes, les électeurs qui avaient assuré la victoire de Begin étaient en majorité sépharades.

L'atmosphère d'Israël a changé. Ce qui restait de l'esprit pionnier se dissout dans la société de consommation et les députés mettent maintenant des cravates pour siéger à la Knesseth.

Moshé Dayan est ministre des Affaires étrangères. Comme chaque fois que nous le voyons ou presque, il répète qu'il souhaite rencontrer Arafat d'homme à homme. Arafat séjourne au même moment au Caire, où Lotfi El Kholi doit pouvoir le joindre. Nous partons donc pour l'Égypte. Tandis que Lotfi s'efforce d'organiser une rencontre avec le chef de l'OLP, Sadate tient sa vieille promesse et nous reçoit.

Le président égyptien doit prononcer le lendemain un discours devant l'assemblée populaire.

– Un discours important, dit-il en plissant ses bons

yeux dans un sourire. Vous savez comment on fait en politique : on saute à cheval, au galop, et les autres vous rattrapent s'ils peuvent, hein ? Eh bien, moi, c'est une fusée que je vais enfourcher ! Et vous allez voir comment tous ces vieux politiciens hors d'haleine vont me courir après ! Ils me supplieront de les laisser reprendre leur souffle !

Nous ne comprenons rien.

Le lendemain, la télévision retransmet le discours. Cheval, fusée, tout devient clair quand Anouar El-Sadate déclare :

– Je suis prêt à aller au bout du monde pour épargner la vie d'un seul de mes fils. Je suis prêt à aller au diable. Je suis même prêt à aller en Israël.

L'assemblée éclate en applaudissements.

Devant un téléviseur, ailleurs dans la capitale égyptienne, Yasser Arafat voit lui aussi les députés égyptiens applaudir. Nous n'avons pas, cette fois-là, l'occasion de lui transmettre nous-mêmes les approches de Moshé Dayan. Mais les Israéliens ont à présent un interlocuteur. La réponse de Begin à Sadate passe à son tour par la télévision :

– Nous les Israéliens, nous vous tendons la main. Faisons la paix.

Tout va alors très vite. Le 13 novembre de cette année 1977, le Parlement israélien autorise le Premier ministre à inviter le président égyptien. Le matin du 19, Anouar El-Sadate atterrit à Tel-Aviv.

En 1993, nous voici encore au Caire, sur la piste des réseaux de la paix. D'énormes bâtisses sans style bordent le Nil, les hôtels couvrent les îles et la nuit clignote d'enseignes publicitaires. Disparues, ces embarcations blanches chargées de coton, les eaux noires et lentes portent des bateaux-mouches aussi horribles que les nôtres. La ville a complètement changé depuis quinze ans, mais les habitants sont toujours les mêmes. La foule se presse, aussi dense qu'en Inde. Les Égyptiennes continuent d'accoucher d'un million de bébés par an. Le taxi qui nous emmène au Parlement a l'imprudence, pour couper au plus court, de s'engager dans le dédale du bazar de Khan Khalil. Les ruelles sont si pleines de monde que le chauffeur ne peut plus ni avancer ni reculer. Nous avons la stupéfaction de sentir la voiture soulevée et portée de bras en bras sur plusieurs mètres, jusqu'au carrefour suivant, par une multitude qui se débarrasse de nous sans effort, le sourire aux lèvres.

Lotfi El Kholi sourit lui aussi. Il trône toujours dans son bureau du journal El Ahram, *immense et vide. Les trois fauteuils de cuir vert sont toujours dans le même angle depuis juin 1970. Lotfi El Kholi se souvient des déclarations du Palestinien.*

– Oui, soupire-t-il, on aurait pu faire la paix plus tôt. Mais pour cela, il aurait fallu que les hommes changent. Ou qu'ils meurent...

Certains ont changé, certains sont morts et la paix est signée.

Qui, en Égypte, était au courant des tractations d'Oslo ?

L'ancien Premier ministre de Sadate, Moustapha Khalil, qui fut l'un des architectes des accords de Camp David, assure que seuls trois hommes savaient : le président Moubarak, son conseiller Osama El Baz, que Sadate lui avait légué, et le ministre des Affaires étrangères, Amr Moussa. Lotfi confirme et offre même de ménager une entrevue avec El Baz. Malheureusement, le lendemain, El Baz se décommande car il doit rédiger le discours d'investiture de Hosni Moubarak, à qui les électeurs viennent de confier un troisième mandat de six ans avec 96 pour cent des voix. On nous invite à la cérémonie, nous écoutons le discours, mais sans obtenir d'autre rendez-vous d'El Baz. Il doit travailler à la composition du nouveau gouvernement et à la préparation de deux voyages du président Moubarak – à Addis Abbeba pour la conférence de l'OUA et à Washington pour rencontrer Clinton. Le jour suivant, on nous prévient de Paris qu'on nous cherche en Israël. Un homme d'affaires proche de Shimon Pérès, Nimrod Novik, a une chose urgente à nous dire. Nous appelons Tel-Aviv. C'est un émerveillement d'entendre dans un téléphone cairote une voix répondre en hébreu. Peut-on le faire partager à qui n'a pas eu l'esprit tourmenté par l'interminable guerre entre Égypte et Israël ? L'émerveillement redouble lorsque nous apprenons ce que veut Nimrod Novik. Il nous cherche de la part de l'ambassadeur d'Égypte en Israël... Qui lui-même nous cherche de la part d'Osama El Baz : le conseiller a trouvé un créneau dans son emploi du temps, le lendemain matin, pour nous dévoiler le rôle du Caire dans les pourparlers d'Oslo.

Rien à faire qu'à attendre demain. On pourrait s'asseoir, on pourrait s'arrêter. Mais on finirait couvert de sable. Le désert voisin se transporte en plein Caire, il saupoudre ses grains sur les rebords des fenêtres, sur les tables des cafés. C'est facile de se laisser engloutir. C'est tentant. Il suffit de s'arrêter un instant. Mais, dès que Lotfi propose de participer à un débat, nous acceptons. Un débat sur le processus de paix au Proche-Orient, avec les ambassadeurs des pays engagés.

Comme nous avons bien fait ! Il y a là d'anciennes connaissances, Saïd Kamal et David Sultan. Un grand bourru à voix de stentor, ambassadeur palestinien au Caire et l'ambassadeur d'Israël en Égypte, Cairote de naissance. Nous dînons le soir même avec le premier, nous prenons le café le lendemain avec le second. Ils corrigent des dates, enrichissent nos informations, introduisent de nouveaux personnages.

Il y a deux types d'Égyptiens, les descendants des pharaons et les conquérants arabes. Les premiers ont des visages ouverts et calmes, le front bas, le sourire large et les épaules carrées. Les seconds sont plus menus et mobiles, plus retenus aussi. Osama El Baz appartient à la deuxième catégorie, Amr Moussa à la première, comme Nasser et Moubarak.

Lorsque le président égyptien vient en visite en France en octobre 1993, nous l'interrogeons brièvement et nous avons la chance de pouvoir parler plus longuement avec son ministre des Affaires étrangères. Il nous reçoit pour le petit déjeuner dans son hôtel. Une femme surgit, lui parle un moment et, tel un tourbillon, s'en retourne à sa table. Devant notre air interloqué, Amr Moussa chuchote : « Mais voyons, vous n'avez pas reconnu Shulamit Aloni, la ministre israélienne de l'Éducation ? » De fait, quelques tables plus loin, un groupe entoure l'ambassadeur d'Israël en France. Ils ne tardent pas à nous rejoindre tous pour bavarder, comme si jamais la haine ne les avait séparés quarante-cinq ans durant.

15

L'AMÉRIQUE AVEUGLÉE

Le secrétaire d'État américain, Warren Christopher, s'envola à la fin du mois de juillet pour une tournée au Moyen-Orient. Il visita Israël, la Syrie, l'Égypte et le Liban. Il arriva au moment même où les affrontements, au Sud-Liban, entre l'armée israélienne et les forces du Hezbollah pro-iranien, redoublaient de violence.

Christopher n'était pas un visionnaire, ni même un virtuose de la diplomatie. Cet avocat d'affaires, installé à Los Angeles, avait été le numéro deux du Département d'État durant l'Administration Carter. Associé aux négociations sur les accords de Camp David, il avait laissé le souvenir d'un homme capable d'opiniâtreté mais dépourvu de brio. En fait, Christopher était investi d'une tâche écrasante. Il devait diriger une diplomatie américaine privée désormais de centre de gravité. L'effondrement du communisme et de l'Empire soviétique retirait aux États-Unis un point d'appui essentiel : il n'existait plus d'ennemi prioritaire qui permette de rassembler autour de Washington, au sein d'une alliance docile, les pays d'Europe de l'Ouest et de nombreux régimes anticommunistes implantés à travers le monde. La fin de l'URSS, en décembre 1991, avait sonné le glas d'une époque. Christopher le savait, mais se montrait incapable d'envisager les contours d'un ordre nouveau.

Son prédécesseur, James Baker, avait déclaré : « Les États-Unis ont brisé le communisme en gagnant la guerre froide. Ils ont également brisé le radicalisme arabe en gagnant la guerre du Golfe. »

En privé, l'actuel secrétaire d'État ne désapprouvait pas cette analyse. Mais, alors que Baker pouvait s'appuyer sur un président, George Bush, qui faisait preuve d'un véritable activisme en politique étrangère, Christopher restait totalement livré à lui-même. Les réunions du gouvernement américain se déroulaient de façon immuable. Chaque problème de politique intérieure donnait lieu à des échanges approfondis entre Bill Clinton et ses collaborateurs. En revanche, dès qu'un sujet de politique étrangère était évoqué, qu'il s'agisse de la Bosnie, de la Somalie, de la Russie ou du Moyen-Orient, le président américain se tournait vers Christopher :

– A vous de traiter ce dossier, monsieur le Secrétaire d'État.

« Je n'ai jamais vu, dira un participant à ces réunions, Bill Clinton consacrer plus de cinq minutes à un problème international. »

Plusieurs observateurs comparaient la politique étrangère du président des États-Unis à ces gros beignets avec des trous au milieu dont sont friands les Américains : « C'était le vide, dira l'un d'eux, nous n'avions plus d'axe prioritaire. Nous manifestions seulement de l'intérêt pour des sujets secondaires, périphériques. »

En arrivant au Proche-Orient, le chef de la diplomatie américaine, petit homme mince au visage triste, fit une déclaration surprenante : « Je viens, dit-il, calmer les anxiétés des Palestiniens et des Israéliens qui s'inquiètent de vingt mois de pourparlers infructueux à Washington. Jérusalem, ajouta-t-il, a besoin de nouvelles assurances, lui prouvant qu'il ne sera jamais abandonné par les États-Unis. » Rabin et Pérès eurent du mal à réprimer un sourire devant tant d'ignorance et de naïveté.

Christopher manifestait un étrange entêtement qui contribua cependant, malgré lui, à accélérer la conclusion d'un accord secret. Il voulait absolument aboutir à une entente entre Israël et la Syrie. Il souhaitait que Damas s'engage dans une « paix totale », en échange du retrait des troupes israéliennes du plateau du Golan, occupé depuis 1967 et soumis à la loi israélienne, par Jérusalem, en 1981.

Rabin, en véritable sphinx, n'avait pas bronché devant une telle proposition, mais, en privé, il confiait à son entourage : « Notre priorité est d'aboutir à un accord avec l'OLP. L'expliquer à l'opinion israélienne sera suffisamment délicat pour que nous n'ayons pas besoin d'ouvrir, dans l'immédiat, un second front vers la Syrie. »

A Jérusalem, le 4 août, personne ne souffla mot à Christopher et à son équipe des discussions secrètes qui se poursuivaient avec la Centrale palestinienne. Mais Arafat suivait la visite du secrétaire d'État avec inquiétude. Il redoutait, en fait, d'être pris de vitesse par un accord passé entre Damas et Jérusalem.

« Il avait peur, dira un de ses proches, que le train quitte la gare sans lui et il ne voulait pas que se répète la désagréable expérience vécue quatorze ans plus tôt, lors de l'accord entre l'Égypte et Israël. »

Le secrétaire général des Nations unies, Boutros Boutros-Ghali, se rappelle parfaitement cette époque. Ce Copte, parlant un français parfait, était alors le numéro deux de la diplomatie égyptienne : « J'étais à Paris, à l'hôtel Crillon, le 15 octobre 1978, et je négociais Camp David. Sadate pensait qu'en plus du Sinaï, nous devions régler la question de la bande de Gaza, confiée à l'Égypte, les autres territoires occupés relevant de Hussein de Jordanie. Il a donc demandé si le deuxième volet de Camp David ne pourrait pas être appliqué d'abord à Gaza. Arafat et Begin ont refusé brutalement et Sadate m'a dit : " Puisque personne n'en veut, n'insistons pas. Ce n'est plus notre problème. " Nous aurions gagné quinze ans. » Arafat ne l'a pas oublié. Il sait également que Camp David envisageait une autonomie des populations au sein des territoires occupés, une formule plus restrictive que celle qu'il négocie actuellement, mais il a amèrement regretté de ne pas avoir saisi l'occasion.

En Syrie, Warren Christopher rencontre Hafez El-Assad à deux reprises. L'homme, au pouvoir à Damas depuis vingt-trois ans, se montre à la hauteur de sa réputation. Extraordinairement habile, il tient à l'Américain les propos que celui-ci souhaite entendre. D'une voix calme et apaisante, enfoncé dans son fauteuil, les bras posés sur les accoudoirs, il donne des assurances qu'il est prêt, peut-être, à ne pas tenir. « Je l'ai souvent pratiqué, confiera Hassan II, le roi du Maroc, et c'est un chef d'État dont j'ai perçu qu'il était franc mais ne disait jamais toute la vérité. Il ne mentait pas. Il omettait d'en parler. »

Au terme de ces entretiens, l'Américain annonce fièrement : « Je pense que nous avons sauvé le processus en cours. » Sous-entendu : entre Israël et la Syrie.

Propos surréalistes, tenus dans une région qui défie souvent toute logique. Christopher, qui croit qu'un accord entre Israël et la Syrie est la colonne vertébrale de toute paix future, a plaidé ce dossier avec acharnement.

Pendant tout son périple, Bill Clinton ne cherchera pas une seule fois à être informé. Son attitude tranche avec celle de George Bush qui ne cessait d'intervenir, en téléphonant personnellement aux chefs d'État intéressés.

Clinton, lui, est en vacances à Martin's Vineyard, une île à la mode non loin de Boston, envahie par ses deux cents gardes du corps. Il passe ses journées avec les Kennedy, qui vivent à proximité, joue au golf avec Hillary, et dîne chez l'écrivain William Styron ou Katherine Graham, la richissime propriétaire du *Washington Post*. Officiellement, Clinton « résiste » à la tentation d'intervenir en politique étrangère. Cette formule d'un de ses conseillers fait sourire les observateurs et les experts : « C'est plutôt le néant absolu en matière diplomatique », jugera l'un d'eux.

A peine rentré dans la capitale américaine, Christopher va être informé des progrès réalisés par le « canal norvégien ». Le rapport qu'il a entre les mains et qui provient de Holst et d'Egeland, les responsables de la diplomatie d'Oslo, décrit en détail tout ce qui a déjà été conclu. Pourtant, Christopher reste toujours aussi sceptique. Dennis Ross, à ses côtés, l'encourage dans cette voie. « Ils n'arriveront jamais, déclare le secrétaire d'État, à transformer une déclaration de principes en une paix durable. »

Clinton et son Administration manifestaient, en réalité, un désintérêt croissant envers le processus de paix lancé par Bush et Baker à Madrid. Itzhak Rabin se trouvait devant une situation paradoxale. Les démocrates se montraient nettement plus favorables à Israël que leurs prédécesseurs, mais « ils ressemblaient, selon un conseiller du Premier ministre, à un médecin tout à fait bienveillant et incapable de prescrire un traitement. »

Cette tournée au Moyen-Orient de la délégation américaine va provoquer une crise ouverte entre les responsables palestiniens de l'intérieur, qui négocient à Washington, et Arafat. « Nous savions, dira Hanane Achraoui, que notre délégation avait été montée pour préparer des négociations en coulisses. »

Le propos masque mal l'amertume. Depuis des semaines, des bribes d'information parviennent aux membres de cette délégation. Ils savent que les pourparlers qu'ils mènent depuis vingt et un mois sont totalement court-circuités. Fayçal Husseini et Hanane Achraoui se préparent à présenter à Christopher les nouvelles propositions palestiniennes lorsqu'ils découvrent brusquement qu'Arafat a déjà transmis le texte à l'Américain, le 9 août, par l'intermédiaire des Égyptiens. Plus grave encore, aux yeux des Palestiniens de l'intérieur, le contenu en a été modifié. Arafat formule des concessions importantes, notamment sur le statut futur de Jérusalem dont il accepte qu'il soit discuté dans la phase finale alors que la délégation réclame que ce dossier soit abordé immédiatement.

Un véritable affrontement se déroule alors entre Tunis et la « Maison de l'Orient », le siège des Palestiniens de l'intérieur, situé à Jérusalem-Est. Fayçal Husseini et Haïdar Abdel Chafi, un dirigeant palestinien de Gaza, qui fut un des fondateurs de l'OLP, sont ulcérés. Arafat leur ordonne de présenter officiellement à Christopher le document remanié. Ils refusent et Chafi décide de boycotter la visite de l'Américain, tandis qu'Husseini et Achraoui le rencontreront pendant quinze minutes en lui soumettant le document amendé. « Ils semblaient amers et désabusés », révélera un des proches de Christopher, qui ajoute : « Ils étaient écartelés entre la fidélité et la révolte. Nous pensions que ces dissensions au sein de l'OLP rendaient plus qu'improbable la conclusion d'un accord. »

Jusqu'à la dernière minute, Husseini et Achraoui se battent pour obtenir d'Arafat des amendements au document. En vain. A un moment, la tension au téléphone est si forte que le président de l'OLP lance à ses interlocuteurs :

– Quand on est un facteur chargé de transmettre le courrier, on ne l'ouvre pas.

La comparaison est si blessante qu'Husseini, Achraoui et Abdel Chafi envisagent de démissionner.

Ils reprochent à Arafat de brader la lutte et les objectifs des Palestiniens, pour un bout de terre qui ne sera qu'une caricature d'État. Rapidement, pourtant, ils rentreront dans le rang. Le président de l'OLP ne tolère aucune remise en cause de son pouvoir.

Quelques jours plus tard, à la mi-août, Osama El Baz va jouer dangereusement avec le feu. Il reçoit Henry Siegman, le président du puissant Congrès juif américain. Le « lobby juif » aux États-Unis a toujours été farouchement opposé au moindre dialogue avec l'OLP. Siegman et El Baz devisent agréablement. A un moment, l'Américain demande :

– Croyez-vous que les négociations de Washington vont enfin sortir de l'impasse et connaître des progrès ?

El Baz le regarde d'un air amusé, avant de répondre :

– Monsieur le Président, si vous souhaitez conserver l'œil sur la balle, permettez-moi de vous donner un conseil. La balle n'est pas à Washington... elle est à Oslo.

Siegman est stupéfait. Il sait que la capitale norvégienne abrite officiellement des négociations multilatérales, strictement techniques. Les propos de l'Égyptien lui paraissent relever de la boutade. Il en parlera à des proches en haussant les épaules, ajoutant : « Oslo, mais c'est vraiment absurde ! »

Pourtant, isolés au milieu de la forêt scandinave, les négociateurs poursuivent leur marathon. Le projet doit impérativement être bouclé avant le 14 septembre, dernier jour des pourparlers de Washington. Les Palestiniens ont avancé l'option « Gaza-Jéricho », en ignorant bien entendu que l'idée a été lancée par Pérès. Quand Abou Ala formule cette proposition, Yoël Singer lui répond :

– Je vais en parler à Rabin.

Lorsqu'ils se retrouvent, l'avocat déclare au Palestinien :

– J'ai fait part au Premier ministre de vos exigences sur Jéricho, il n'a pas bondi de sa chaise.

En réalité, Singer appuie cette option. Il a expliqué à Rabin qu'il s'agit d'un « point très important pour les Palestiniens ».

Ouri Savir, lui, est beaucoup plus réservé, allant jusqu'à déclarer, au cours de réunions entre responsables israéliens : « Jéricho ne doit pas faire partie de l'accord. »

En réalité, le principe à peine accepté, les deux délégations auront immédiatement des approches divergentes. Les Israéliens proposent d'accorder l'autonomie à la seule ville de Jéricho, les Palestiniens, eux, réclament que cette autonomie s'étende à l'ensemble de la province. Singer insiste pour que le sixième de l'ensemble des autorités palestiniennes soit concentré à Jéricho. Autre question importante : où s'exercera l'autorité du Conseil palestinien prévue par les textes ? Uniquement sur Gaza et Jéricho ou sur l'ensemble des territoires ?

Un point crucial est également en litige : tous les pouvoirs seront-ils transférés aux Palestiniens, durant la première phase, ou seulement une partie d'entre eux ?

Dès la mi-juin, Itzhak Rabin avait confié ses objectifs à Yoël Singer : « Une fois l'accord conclu, nous transmettrons les résultats, sans rien dévoiler, aux délégations israélienne et palestinienne qui siègent à Washington. Ainsi, nous pourrons écarter le reproche d'avoir procédé à des négociations officielles avec l'OLP. »

Les deux hommes discutaient un soir d'été dans la résidence du Premier ministre. Singer répliqua immédiatement :

– Ce serait une mauvaise méthode. Pour plusieurs raisons. Imaginer que nous pouvons prendre ce préaccord et l'expédier à Washington, où notre délégation le signerait comme s'il s'agissait de son propre plan, relève de la fiction, monsieur le Premier ministre.

Les yeux bleus de Rabin fixaient Singer avec curiosité :

– Pourquoi ?

– Tout d'abord parce que je suis convaincu que les membres de notre délégation refuseront de signer. Ensuite, je crois qu'il faut conclure un accord entre Israël et l'OLP dans lequel les deux camps procéderont à une reconnaissance mutuelle.

– Impossible. C'est trop.

Le ton du numéro un israélien était catégorique, comme si ces propos l'avaient offensé.

Singer, insensible à ce mouvement d'humeur, insistait :

– Il y aura à coup sûr des fuites qui révéleront qu'Israël a négocié avec l'OLP; et qu'arrivera-t-il ? Notre pays aura tout simplement abandonné sa position traditionnelle de non-négociation avec la Centrale palestinienne sans rien obtenir en échange. Puisque nous acceptons de discuter avec eux, il faut absolument qu'ils s'engagent dans toutes sortes de promesses, abandon du terrorisme, le droit à l'existence d'Israël.

– Toutes sortes de promesses...

Rabin répétait la formule avec une moue ironique.

– ... Franchement, je ne pense pas que l'OLP soit d'accord pour nous faire ces promesses.

– Essayons.

– Non, il faut repousser cela à plus tard.

– Plus tard, monsieur le Premier ministre, sera trop tard. Dès que ces négociations seront connues, l'OLP aura obtenu une reconnaissance officieuse d'Israël qui lui suffira. Elle ne sera pas disposée à s'engager davantage.

Le scénario proposé par Singer ne séduisait guère Rabin et Pérès : « Parler avec l'OLP était une chose, dira un de leurs proches, mais reconnaître officiellement l'adversaire que l'on combattait violemment depuis près de trente ans représentait un gigantesque effort psychologique pour les deux hommes. »

Singer, qui estime, lui, qu'il s'agit d'un élément essentiel de tout futur accord, s'efforce de fléchir Rabin.

Au cours d'une nouvelle rencontre, il propose d'élaborer « un accord parallèle prévoyant les détails d'une reconnaissance mutuelle entre Israël et l'OLP ».

Une nouvelle fois, Rabin répond :

– Non, ne le faites pas.

L'avocat, nullement découragé, va alors soumettre une proposition à Rabin et à Pérès. Les deux responsables la rejetteront mais Singer décèle cette fois un léger fléchissement chez le Premier ministre.

– Laissez-moi au moins, lui demande-t-il, procéder à une exploration officieuse, personnelle et individuelle. Je vais sonder les Palestiniens mais cela n'engagera que moi. En aucune façon l'État d'Israël.

Rabin lui répond :

– Bon, d'accord, allez-y !

A la fin juin, Singer transmettra à Abou Ala un document de quelques pages intitulé : « Propositions personnelles de Yoël Singer ». Le texte envisage un accord de reconnaissance mutuelle.

Le document sera longuement examiné à Tunis par Arafat et Abou Mazen, mais Singer n'obtiendra une réaction qu'à la fin juillet. Au terme d'une des réunions en Norvège qui se termina par une crise, alors que les deux délégations se séparaient froidement, Abou Ala s'approche de Singer et d'Ouri Savir :

– Les choses viennent de mal se passer, mais vous ne m'avez pas demandé ce qu'il en était du deuxième projet d'accord ?

– Oui, répond Savir, quelle est votre réponse ?

– Oh, réplique le Palestinien d'un ton dégagé, en principe, nous sommes d'accord pour une reconnaissance mutuelle.

En réalité, les discussions sur cette question vont connaître, là aussi, un départ difficile.

Les Palestiniens avancent un premier projet que les Israéliens rejetteront catégoriquement. Singer lance à ses interlocuteurs :

– Ce que vous nous proposez est beaucoup trop à la « vieille mode OLP ». Nous voulons un langage clair alors que vous avez tout enrobé dans trop de mots, trop de formules et de « gentillesses » qui m'ont obligé à utiliser une loupe pour découvrir les contraintes et les obligations. Il faut que ce soit simple et court. Recommencez.

La rencontre suivante sera aussi décevante. L'OLP, cette fois, a préparé un document qui comporte des obligations mutuelles. Les Israéliens, effarés, découvrent un paragraphe où il est écrit : « Les deux parties aboliront la Charte nationale palestinienne. » Une autre clause, un peu plus bas, précise : « Les deux parties arrêteront de pratiquer le terrorisme. »

En séance, Savir s'indigne :

– C'est inacceptable. Nous ne pratiquons pas le terrorisme et nous ne dirigeons pas une organisation palestinienne. C'est à vous de souscrire des obligations en échange de votre reconnaissance, par Israël, comme représentant du peuple palestinien.

Singer ajoute :

– C'est pourquoi tout doit être clair, concis et... unilatéral.

Abou Ala réplique avec humour :

– Vous avez besoin vous aussi de trouver une solution, car nous sommes comme un cancer qui ronge peu à peu votre estomac. Vous savez quelle est mon impression ? Si nous arrivons à un double accord, c'est-à-dire à la signature d'une déclaration de principes et d'une reconnaissance mutuelle, nous serons tous dans la situation de celui qui n'a qu'une seule balle dans le canon de son fusil. Cette balle, une fois tirée, ne reviendra pas.

Personne, une fois les signatures apposées au bas des documents, ne pourra plus faire marche arrière. Ni Rabin ni Arafat.

– C'est tout à fait vrai, répond Savir, mais jusque-là, nous n'allons pas vous faciliter les choses.

Abou Ala lui décoche un large sourire :

– Soyez tranquille, nous non plus.

La partie de bras de fer va se prolonger jusqu'au 20 août. Ce jour-là Shimon Pérès arrive en Norvège, dans le cadre d'une visite officielle en Scandinavie. Cette tournée sert de paravent pour masquer l'essentiel : la déclaration de principes négociée âprement depuis huit mois pourra enfin être signée par les deux camps en présence du chef de la diplomatie israélienne.

Le 14 août, Bassam Abou Charif, porte-parole d'Arafat, suggère dans une interview à *Libération* : « La formation d'un gouvernement palestinien », dont le siège serait à Jéricho. Deux jours plus tard, Pérès répond directement qu'il est d'accord pour « tester » l'autonomie de Gaza et Jéricho.

Au fur et à mesure que l'échéance du 20 août se rapproche, les principaux protagonistes vivent dans une tension croissante. A Tunis, Yasser Arafat passe de l'anxiété à l'euphorie. Il répète à Abou Mazen, d'une voix brisée par l'émotion :

– Nous allons enfin avoir un sol sous nos pieds. Quelque chose de concret.

Par le canal des Norvégiens, il tente de sonder les Américains, d'entrevoir leur état d'esprit face aux progrès des négociations. Holst, le chef de la diplomatie d'Oslo, va parler avec Warren Christopher.

Le secrétaire d'État répondra avec froideur :

– Le président Clinton sera probablement intéressé par cette évolution.

Visiblement le Département d'État reste hostile et sceptique. Bill Clinton, auquel on demandera, quelques semaines plus tard, à quel moment il a été informé de l'accord, répondra avec candeur :

– Franchement, j'ai beau chercher, je ne m'en souviens plus.

Le 17 août, à 3 heures du matin, Arafat est traversé par une ultime angoisse. Il redoute que le texte, qui sera signé trois jours plus tard, ne recèle encore des pièges pour l'OLP. Il téléphone, au beau milieu de la nuit, à Saïd Kamal, son ambassadeur au Caire :

– Peux-tu, lui dit-il, réveiller immédiatement Tarer Chaah et le mettre dans le premier avion pour Oslo ? Je voudrais qu'il lise les termes de l'accord avant qu'il soit signé.

Tarer Chaah était l'homologue égyptien de Yoël Singer pendant Camp David. Les deux hommes se connaissent fort bien, puisqu'ils ont négocié, entre 1979 et 1982, l'accord d'autonomie.

Aujourd'hui, il est conseiller juridique de la délégation palestinienne aux négociations bilatérales de Washington. Il reçoit, à l'aube, le feu vert de Moubarak. Il s'envole dans la matinée pour Rome et prend une correspondance en début d'après-midi pour Oslo. Il retrouve dans une chambre d'hôtel Abou Ala qui lui soumet le texte. Tarer Chaah le parcourt attentivement puis, sa lecture terminée, se tourne vers le Palestinien assis dans un fauteuil :

– C'est formidable, je n'ai rien à redire. Qui l'a rédigé ?

Abou Ala, légèrement embarrassé, répond :

– Un juriste israélien, Yoël Singer.

L'Égyptien sourit, amusé :

– Ah, c'est Singer. Sans commentaires.

En Israël, Rabin et Pérès affichent des attitudes totalement opposées. Le premier demeure impassible, le second devient lyrique. Le chef du gouvernement, précis, méthodique, donne ses dernières directives à Singer :

– Il ne faut pas que nous souscrivions un engagement qui dépendra de l'autre. Il faut que chaque accord tienne sur ses propres pieds.

Pérès, lui, sent qu'il touche au but. Depuis vingt années, il aspire à cette issue qui lui assurera une place dans l'Histoire. A la fois visionnaire et manœuvrier, il sait que dans le passé il a gâché des occasions, par irrésolution et esprit tactique. Mais désormais, à soixante-dix ans, il est décidé à aller jusqu'au bout, « persuadé », comme il le confie à ses proches, « que conclure la paix est la seule chose importante qui me reste à faire dans ma vie ».

Un soir, seul avec Ouri Savir et Yossi Beilin, il se livrera longuement. D'un ton mélancolique, il évoque les atteintes de l'âge, les difficultés rencontrées par un homme politique pour rester à la hauteur de ses ambitions, et il ajoute :

– Golda Meir et Dayan n'ont rien pu faire pour aboutir à une paix.

– Et vous ? demande Savir.

– Moi je peux, répond Pérès. Mais il fallait attendre le bon moment.

Ses interlocuteurs lui demandent quelle personnalité israélienne il admire le plus.

– Ben Gourion.

Selon Savir, « Pérès se considérait comme son héritier. Depuis un long moment, il parlait déjà d'un autre Moyen-Orient. Il avait compris que, sans cette paix, rien ne pourrait changer ».

Pour Yaïr Hirschfeld, « le voyage de Pérès à Oslo, le 20 août, constituait manifestement pour les Palestiniens une date limite. Ils savaient qu'ils devaient aboutir à un accord, mais, en même temps, ils ne voyaient pas l'utilité d'en finir avant cette date ».

Lorsque le ministre israélien s'envole pour Stockholm, le 18 août au matin, quatre points sont encore en litige dans le projet d'accord et les deux parties campent sur des positions dures.

Juste avant de quitter Israël, Pérès téléphone à Johan Jorgen Holst, le ministre norvégien, qui est en train de prendre son petit déjeuner.

– Johan, demande Pérès, pourquoi ne viendriez-vous pas en Suède ? Rencontrons-nous à Stockholm. Vous pourriez nous aider à aplanir les dernières difficultés.

– Bien sûr, répond le Norvégien, le temps de sauter dans un avion et je vous retrouve tout à l'heure.

Quelques minutes plus tard, le téléphone sonne dans la voiture de Terje Rod Larsen qui roule vers sa maison de Bergen, sur la côte ouest de Norvège.

– Eh, Terje, entend-il, c'est Shimon. Venez, aussi vite que vous pourrez, en Suède. Je serai à Haga Castle, la résidence des invités du gouvernement suédois.

Pérès, le combiné à peine raccroché, se tourne vers Singer qui est dans son bureau et lui lance :

– Yoël, prenez vos affaires, vous venez avec moi.

Malgré tous les efforts des services du ministère des Affaires étrangères, Singer ne pourra pas obtenir de place sur le même avion que Pérès. Il n'arrivera à Stockholm que quatre heures plus tard.

Aucun des diplomates israéliens chargés de préparer la visite de leur ministre dans les pays scandinaves ne se doute que celui-ci est sur le point de signer un protocole de paix avec l'OLP.

A 22 h 45, alors que la partie protocolaire de sa visite en Suède s'achève, Pérès regagne sa résidence en compagnie de Singer. Il est rejoint peu après par Holst, Larsen et sa femme, Mona Juul. Les Norvégiens arrivent avec une telle discrétion qu'ils ressemblent à de véritables comploteurs.

Tous s'installent dans le salon, agréablement décoré.

De vieux portraits sont accrochés aux murs. Holst décroche alors le téléphone et compose le numéro de la ligne privée d'Arafat à Tunis. Le chef de l'OLP est au bout du fil :

– Monsieur le Président, déclare Holst, le ministre Shimon Pérès est à mes côtés. Nous pouvons commencer à travailler si vous êtes prêt.

– Non, répond Arafat, Abou Ala est absent et je ne sais pas où le trouver. Laissez-moi encore un peu de temps.

Pérès, Holst et les autres attendront une heure et demie. Il est minuit passé lorsque, enfin, Yasser Arafat a rassemblé autour de lui, dans son bureau, tous ses collaborateurs. Abou Ala est à ses côtés, ainsi qu'Abou Mazen, Hassan Asfour, Abed Rabbo.

Les discussions vont se prolonger au-delà de 5 heures du matin, sur cette ligne soigneusement protégée des écoutes. Il y aura au total près de quinze communications entre Tunis et Stockholm. Holst joue le rôle de messager et d'intermédiaire entre les deux camps. Chaque fois qu'il doit demander l'avis des Israéliens, il raccroche en disant aux Palestiniens :

– Je vous rappelle.

Au début, Arafat parle, mais son anglais devient vite trop imprécis pour les discussions techniques qui s'engagent. Le ministre norvégien entend soudain un bruit sourd. La voix du chef de l'OLP résonne dans le combiné :

– Je viens de faire tomber le téléphone en le passant à Abou Ala qui va poursuivre la discussion.

Pérès va se coucher vers 1 h 30 du matin, laissant Singer et Avi Gil, son assistant, poursuivre les discussions. Les points en litige tournent autour des modalités d'application de l'accord Gaza-Jéricho. Rabin a exigé d'être tenu informé, heure par heure, des progrès des négociations.

A deux reprises, Singer réveille Pérès. La seconde fois, à plus de 4 heures du matin. Le différend porte sur un problème de formulation ayant trait au siège du futur Conseil palestinien.

Pérès, endormi, demande à Singer :

– Devons-nous appeler Rabin pour cela ?

Singer secoue la tête :

– Non, c'est une question mineure, juste un problème de langage. Je pense que nous pouvons décider nous-mêmes.

– Très bien, répond Pérès, on ne lui téléphone pas.

A 5 h 30 du matin, l'accord est conclu. Il s'agit d'une déclaration de principes qui octroie aux Palestiniens non pas un régime d'« autonomie », comme on le traduit improprement en français, mais d'« auto-gouvernement » *(self-governement)*. La nuance est de taille. L'autonomie s'applique à une communauté sans mentionner son lieu de résidence, l'« auto-gouvernement » s'exerce, lui, au sein d'une configuration territoriale, base physique. L'accord prévoit également que des élections générales, supervisées par une autorité internationale, auront lieu dans tous les territoires, au plus tard neuf mois après la signature de l'accord. Dans l'attente des élections, un Conseil palestinien, installé à Jéricho et nommé par l'OLP, aura autorité sur la Cisjordanie et Gaza pour préparer les transferts de pouvoir, y compris les pouvoirs de police.

Holst déclare au téléphone à Arafat : « Monsieur le Président, tout est réglé. » Il entend un immense cri de joie au bout du fil.

Assis à son bureau, Yasser Arafat éclate longuement en sanglots avant d'embrasser tous ses compagnons. « Faites vite venir un photographe », ordonne-t-il. Le leader palestinien veut absolument immortaliser cet instant et déclare à ses proches :

– C'est le début d'une ère nouvelle. Des dizaines d'années de lutte vont enfin s'achever.

Tous les Palestiniens sont en larmes. A Stockholm,

Holst et Larsen, épuisés, se préparent à regagner Oslo pour préparer la cérémonie de signature qui se déroulera le lendemain, toujours dans le plus grand secret. Il a été décidé que Abou Ala, Hassan Asfour et Mohamed Abou Khoch quitteront Tunis dès l'aube pour arriver dans la soirée en Norvège.

Avant de rejoindre leur avion, prêt à décoller, ils discutent avec Pérès des mesures de sécurité à adopter. L'Israélien insiste sur un point : les autres membres de la délégation israélienne, qui font partie du voyage, doivent continuer de tout ignorer.

Holst, à l'instant de quitter Pérès, lui déclare sur le ton de la boutade :

– Je suis ravi que la Norvège ait pu jouer un rôle de premier plan, alors qu'en 1988 ce sont les Suédois qui avaient permis l'ouverture du dialogue entre l'OLP et les États-Unis. La compétition entre les deux peuples, vous savez, a toujours été très forte. Mais désormais nous venons de les supplanter sur leur propre terrain, à partir de leur capitale. Et en plus, en leur laissant payer la note de téléphone!

Ultime péripétie : Pérès et Singer appellent Rabin pour lui expliquer la façon dont ils ont réglé le dernier point litigieux. Le Premier ministre entre dans une violente colère :

– Je m'oppose aux termes que vous avez choisis. Je refuse que l'accord soit signé si ce point n'est pas modifié.

Larsen, prêt à partir, devra intervenir une dernière fois auprès d'Arafat pour aplanir ce désaccord.

Quelques heures plus tard, douché et rasé de près, Pérès rencontre les journalistes israéliens qui l'accompagnent durant son périple :

– Franchement, leur dit-il d'un ton complice et convaincant, ne perdez pas votre temps à m'accompagner maintenant à Oslo. C'est une visite de routine, totalement dépourvue d'intérêt.

16

RABIN, LE TACITURNE

On nous a prévenus : de nature timide et d'esprit militaire, Rabin n'est pas facile à saisir, même pour ses amis. Par scepticisme, il ne s'engage pas souvent sur de nouvelles voies, mais s'il se persuade qu'une cause est juste ou une action inévitable, il va jusqu'au bout sans états d'âme.

Cela s'est déroulé exactement de cette façon lors des négociations d'Oslo. Dès que Yossi Beilin eut transmis le témoin à Pérès, et que celui-ci, à son tour, l'eut confié à Rabin, ce dernier le garda jusqu'au bout.

Né à Jérusalem en 1922, Rabin passe une grande partie de sa jeunesse dans les kibboutzim avant d'entrer dans l'armée. Deux fortes personnalités l'ont marqué. Igal Allon, son professeur à l'École d'agriculture à Kadouri, qui deviendra ministre des Affaires étrangères. Itzhak Sadeh, le créateur de Palmach, *ce groupe de choc composé en majorité de kibboutznik, qui fournira à l'armée juive la plupart de ses généraux. Itzhak Sadeh, véritable figure de légende en Israël, a eu deux héritiers : Igal Allon et Moshé Dayan. Dayan, proche de Ben Gourion et de Pérès, se lance très tôt dans la politique. Itzhak Rabin, plus jeune et classé dans le clan adverse comme disciple d'Allon, reste militaire. Il occupe le poste de chef d'état-major lorsque Moshé Dayan, le général borgne, devient ministre de la Défense juste avant la guerre des Six Jours.*

Nous croisons Itzhak Rabin pour la première fois en cette année 1967.

Après la victoire, il prononce, à l'université hébraïque du Mont-Scopus, un discours qui étonne. Il trouve ce jour-là le ton, l'accent des grands discours historiques. On y entend en préfiguration la déclaration qu'il fera vingt-six ans plus tard à Washington, lors de la signature de la reconnaissance mutuelle entre Israël et l'OLP. Au lendemain de la conquête de la Cisjordanie, du Sinaï, du Golan, de la partie est de Jérusalem, le général Rabin déclare que le peuple juif n'est pas un peuple dominateur. Qu'Israël est une démocratie et qu'il lui faudra choisir entre démocratie et domination, car les deux sont incompatibles. Que ces territoires occupés, Israël devra les rendre en échange de la paix.

Itzhak Rabin vient en visite en France en 1975, alors qu'il est Premier ministre. Nous lui racontons à cette occasion nos contacts avec les Palestiniens et il nous parle des siens avec les Égyptiens, qui passent à l'époque par le roi du Maroc. Il perd les élections un an plus tard. Son successeur, Menahem Begin, se rend à Camp David et signe la paix avec Anouar El-Sadate. Cela restera la plus grande déception de sa vie.

Après les élections de novembre 1988, Itzhak Rabin prend le portefeuille de ministre de la Défense dans le gouvernement d'union nationale. Aussitôt, il fait engager des discussions avec les dirigeants palestiniens des territoires occupés, y compris ceux qui appartiennent à l'OLP. Mais les Palestiniens n'obtiennent pas l'autorisation de Tunis. Peu de temps après, certains d'entre eux se font arrêter par le Shin Beit, les services secrets israéliens ayant conclu qu'ils n'avaient pas affaire à des interlocuteurs, mais à des terroristes. Dans les territoires, plus personne n'ose négocier avec les Israéliens sans l'aval d'Arafat.

Et pourtant, parmi les dirigeants palestiniens qui avaient en 1988 préconisé le dialogue avec Rabin se trouvait Yasser Abed Rabbo. Cinq ans plus tard, il sera l'un des cinq membres de la direction de l'OLP qui suivent les négociations d'Oslo.

De son côté, cet échec semble avoir marqué Rabin et l'avoir rendu méfiant à l'égard des Palestiniens des territoires, à son retour au pouvoir.

Mai 1993. Itzhak Rabin, redevenu Premier ministre, nous accorde un rendez-vous décontracté, presque amical, dans un hôtel d'Hertzlia où il passe le week-end avec sa femme Léa. Israéliens et Palestiniens discutaient déjà à Oslo. Il ne nous en dit rien mais tient des propos surprenants sur la nouvelle génération de Palestiniens dans les territoires, ceux qui connaissent bien Israël et parlent même sa langue :

– J'espérais comme vous que cette nouvelle génération palestinienne s'affirmerait, que ses nouveaux dirigeants, parce qu'ils nous connaissent mieux que ceux de Tunis, pourraient devenir nos interlocuteurs. Or je me suis vite aperçu que, chaque fois qu'il fallait répondre clairement à nos propositions, ils prenaient congé de nous et allaient consulter Tunis. Je me suis alors dit qu'il était plus simple pour tout le monde de régler les problèmes avec Tunis directement.

Nous avons revu Itzhak Rabin pour ce livre. Il nous a reçus en manches de chemise dans son bureau à Jérusalem et donnait le sentiment de sortir enfin de sa réserve habituelle. Il n'a refusé de répondre à aucune question et n'a tenté d'éviter aucun sujet, content de parler.

Nous avons souvent observé que les gens qui paraissent durs sont quelquefois fragiles. Quand Rabin se laisse aller, il penche sa tête à gauche comme un gosse que l'on aimerait consoler. C'est sur ce ton qu'il nous raconte comment Shimon Pérès l'a averti des négociations d'Oslo et comment il lui a répondu, tout simplement : « Essayons. »

Quand Shimon Pérès l'a-t-il averti ? « Dès le début », précise Rabin. Sur ce point les versions divergent. Mais Shimon Pérès nous prévient :

– Tout ce qu'on pourra vous raconter sur mes relations avec Rabin à ce sujet est faux. Au début, nous étions toujours en tête à tête. Sans témoin.

Rabin confirme. Non sans quelques réticences, semble-t-il. Il nous explique qu'à l'époque, il ne nourrissait guère d'illusions sur la filière norvégienne, mais la situation politique le poussait à tenter cette chance :

– J'ai très vite compris que les négociations multilatérales n'aboutiraient pas, confie-t-il. Si entre Begin et Sadate il y avait Dieu, à Washington, entre les Israéliens et les Palestiniens, il n'y avait que les médias. D'autre part, si la raison avancée par les Arabes pour perpétuer la guerre avec Israël, c'étaient les Palestiniens, alors il suffisait de régler le problème palestinien pour faire disparaître sinon la guerre, tout du moins sa raison d'être.

Au fur et à mesure que les comptes rendus d'Oslo s'empilent sur son bureau, Itzhak Rabin comprend qu'il doit s'engager personnellement :

– Shimon Pérès pouvait toujours prendre des initiatives, c'est bien à moi, le Premier ministre, qu'on viendrait reprocher un manque de vigilance ou au contraire un manque de décision. Si par malheur le processus de paix se révélait néfaste pour Israël, c'est moi qui aurais des manifestants sous mes fenêtres !

Que ressentait-il dans l'avion qui l'emmenait à Washington pour la signature des accords ? Il répond que l'émotion devrait rester absente de la politique. Il en est persuadé et pourtant, enchaîne-t-il, la veille du jour où la Knesseth devait voter sur les accords avec l'OLP, Eytan Haber, son directeur de cabinet, lui annonce l'arrivée d'une délégation d'invalides de guerre. Itzhak Rabin est pris d'une angoisse telle à l'idée de les affronter qu'il demande s'il est absolument obligé de les rece-

voir. Oui. Avant de les faire entrer, il avale un verre de whisky. Un porte-parole se détache du groupe des anciens combattants mutilés et s'avance sur sa chaise roulante. Il annonce à Itzhak Rabin que la délégation vient pour soutenir sa politique de paix.

– J'ai pleuré, avoue Rabin. Pour la première fois de ma vie, j'ai pleuré en public.

17

« OSLO, UNE VISITE DÉPOURVUE D'INTÉRÊT »

Le dîner au pavillon du gouvernement norvégien, le 19 août à Oslo, fut aussi ennuyeux que l'avait prédit Shimon Pérès. Les délégations israélienne et norvégienne discutaient, dans une ambiance morne, de coopération bilatérale. « Quelle rencontre importante ! » murmura, sarcastique, un diplomate israélien en se penchant vers son voisin. Le malheureux n'était pas dans la confidence et il aurait été incapable d'imaginer le secret que partageaient Johan Jorgen Holst et Shimon Pérès. Les deux hommes échangeaient des sourires polis et des banalités, entre un plat de saumon et un dessert aux framboises.

Peu après 23 heures, prétextant la fatigue, Pérès souhaita se retirer. En quelques minutes, tous les invités se levèrent et gagnèrent la sortie.

La rue Parkeveien, où se trouvait l'hôtel particulier qui abritait la soirée, était située à quelques centaines de mètres du palais royal. Les participants ne remarquèrent rien d'insolite, et pourtant le quartier avait été bouclé par les services secrets. Le contre-espionnage norvégien coopérait cette fois avec le Mossad. Plusieurs agents israéliens, arrivés au cours des derniers jours, surveillaient les lieux.

Le dîner officiel servait à cacher l'essentiel. Au même moment, à l'autre bout de la ville, dans la suite royale au trente-deuxième étage de l'hôtel Plazza, les négociateurs israéliens et palestiniens s'affrontaient sur les ultimes détails. Tous étaient convenus qu'il fallait conclure avant minuit. Abou Ala et Ouri Savir rédigeaient, chacun dans un coin, les discours qu'ils prononceraient quelques heures plus tard, à l'occasion de la signature.

Yaïr Hirschfeld faillit tout retarder. Il était chargé de taper le texte de l'accord et les délégués s'aperçurent qu'il avait omis une formulation importante.

Au lieu de frapper : « la période transitoire n'excédera pas cinq ans », termes sur lesquels les deux parties étaient tombées d'accord, il avait écrit « la période transitoire sera de cinq ans ».

Les délégués rectifièrent immédiatement mais Hirschfeld, extrêmement mal à l'aise, leur avoua : « Je crois que le document que j'ai remis à Rabin ne comporte pas les mots : " n'excédera pas ". » La consternation était totale.

– C'est terrible, s'écria un Palestinien, nous ne pouvons pas signer.

Il fallut appeler en catastrophe Jérusalem et arracher à Rabin une approbation bougonne.

A 0 h 30 la sonnerie du téléphone retentit dans la pièce. Personne ne décroche mais les sept hommes présents ont compris le signal. Quelques minutes plus tard, on frappe à la porte. Des agents des services secrets font passer Israéliens et Palestiniens par une sortie discrète après leur avoir fait traverser les cuisines de l'hôtel. Ils les conduisent jusqu'à des vans, garés à proximité. Toutes les fenêtres des véhicules ont été bouchées. Le cortège va rouler pendant une dizaine de minutes, dans Oslo désert, avant de se garer devant le numéro 45 de la rue Parkeveien. Holst, Larsen et Pérès attendent déjà au premier étage du bâtiment, dans la salle orange. Un tableau, représentant deux chevaux de trait, un berger et son troupeau, est accroché au mur.

Les membres de la délégation israélienne rejoignent Pérès, tandis que les Palestiniens patientent dans une pièce attenante. Puis les portes du salon s'ouvrent. Abou Ala et Shimon Pérès, le visage grave, se serrent la main. L'atmosphère est à la fois solennelle et détendue. « On baignait dans l'irréalité, confiera un témoin. Brusquement nous comprenions que quarante-cinq années d'affrontements sanglants, de haines inexpiables, étaient peut-être sur le point d'être définitivement abolies. »

Une table en bois est dressée au milieu de la pièce. Elle servit, en 1905, au Premier ministre Christian Michelsen à signer la déclaration d'indépendance de la Norvège.

Ouri Savir et Abou Ala vont s'asseoir côte à côte et apposer leurs initiales « OS » et « AK » (Ahmed Kreih, le vrai nom du Palestinien) sur les vingts pages du document rédigé en anglais. Celui-ci se présente comme un mince dossier rouge, fileté d'or. Johan Jorgen Holst ajoutera ensuite ses propres initiales, en tant que « témoin ». Ce document est semblable en tout point à celui qui sera paraphé le 13 septembre sur la pelouse de la Maison-Blanche. Le préambule indique que « le gouvernement de l'État d'Israël et la " délégation palestinienne " représentant les Palestiniens sont d'accord sur le fait qu'il est temps de mettre fin à des décennies de confrontation et de conflit, de reconnaître leurs droits légitimes et politiques mutuels, de s'efforcer de vivre dans la coexistence pacifique, la dignité et la sécurité, et d'aboutir à un accord de paix juste, total et durable, ainsi qu'à une réconciliation historique dans le cadre du processus politique agréé ».

Ce texte est essentiellement une déclaration de principes qui vaut par le projet d'accord portant sur une autonomie des territoires, qui commencera par la bande de Gaza et la ville de Jéricho. Précis sur certains points, ce document est volontairement flou sur d'autres. Il est avant tout un programme, une liste des questions qui devront être négociées une par une. Cette ambiguïté, voulue par les négociateurs, pèsera lourd par la suite. Pourtant, l'événement qui se déroule en pleine nuit dans cette salle est prodigieux.

Abou Ala et Ouri Savir prennent brièvement la parole, devant l'assistance émue. Le discours du Palestinien est sensible et modéré. Il félicite Shimon Pérès, qui vient juste, ce jour-là, d'avoir soixante-dix ans. « Cet accord, lui dit-il, est en quelque sorte un cadeau d'anniversaire. »

Des bouteilles de champagne sont débouchées mais le ministre israélien refuse la coupe qu'on lui tend. Il a reçu, quelques heures plus tôt, une dépêche l'informant que sept soldats israéliens viennent de trouver la mort dans un attentat à Gaza. L'événement dont il est l'acteur est historique, inouï, mais il sait que le chemin à parcourir est encore long et dramatique. La cérémonie est intégralement filmée par une équipe des services secrets norvégiens. Palestiniens et Israéliens recevront chacun une copie mais, d'un commun accord, il est décidé que cette vidéo ne sera jamais diffusée. Pour une raison clé : les signataires auraient également paraphé des annexes secrètes, soigneusement enfermées ensuite dans des coffres inviolables. Une de ces dispositions mentionnerait notamment, sur trois pages, l'engagement de l'OLP de ne pas créer un État palestinien au terme des cinq années de période intérimaire. Une concession qui, si elle était réelle, serait gigantesque et inavouable de la part d'Arafat. Une autre clause détaillerait les moyens mis en œuvre par Tsahal pour protéger les colons israéliens.

Pérès s'envole le lendemain pour l'Islande, laissant Ouri Savir à Oslo pour poursuivre les discussions. Juste après, il fera escale en Finlande où il retrouvera à nouveau, secrètement, Jorgen Holst, Rod Larsen et Mona Juul.

Rabin interroge longuement son vieux rival, dès son retour. Pérès raconte qu'Abou Ala lui a confié, en tête à tête, à l'issue de la cérémonie : « Cela marchera si les questions de sécurité et le problème du développement économique sont réglés conjointement. »

Le Premier ministre israélien sait désormais qu'il est devenu « le partenaire inséparable d'Arafat », comme l'écrira plus tard le journaliste israélien Ehud Yaari. Une réalité inconcevable quelques semaines plus tôt. Mais Rabin demeure préoccupé. Même si l'accord qui vient d'être conclu constitue le « meilleur deal qu'Israël pouvait obtenir », selon un des négociateurs, de nombreux points restent encore imprécis. Comparée aux accords de Camp David, la normalisation en cours entre Israël et l'OLP est un monument d'ambiguïté et de complexité. Pérès souligne la portée historique du document et ses avantages pour Israël. Rabin, lui, en décèle les faiblesses, et répétera à plusieurs reprises à quelques confidents : « Le principe a été approuvé, il reste à négocier 80 pour cent de son application. »

Il a choisi l'option « les territoires contre la paix », contenue dans les fameuses résolutions 242 et 338 des Nations unies. Les Israéliens retireront très vite leurs troupes de Gaza et de Jéricho (au plus tard quatre mois après la signature de l'accord), puis du reste de la Cisjordanie. En échange, les Palestiniens reconnaîtront Israël et établiront avec lui des accords de coopération. Mais il pressent que la conclusion de ce deuxième accord conditionnera de plus en plus l'application du premier. En effet, les Palestiniens possèdent désormais un atout, un moyen de pression. Ils peuvent déclarer : « Sans une reconnaissance mutuelle globale, nous ne ratifierons pas la déclaration de principes. » Cette décision de lier les deux accords piégerait Israël. Devant une telle éventualité, le numéro un israélien est partisan de conserver un profil bas et de conférer le moins de solennité possible à l'accord : « Présentons-le seulement, dit-il, comme une expérience ou un test. »

Pourtant Arafat et Rabin sont décidés, l'un et l'autre, à conclure rapidement, pour éviter que leurs opposants n'aient le temps de s'organiser et de lancer une contre-offensive.

Déjà, à Tunis, des voix s'élèvent contre cet événement qui n'a pas encore été officiellement annoncé par Arafat. Le poète Mahmoud Darwish, une des figures charismatiques de l'OLP, démissionne du comité exécutif de la Centrale palestinienne, au terme d'un long face-à-face avec Arafat. Il lui reproche le secret absolu qui a entouré ces négociations, les concessions faites à Israël, mais aussi les nombreuses irrégularités qui entachent certaines affaires financières de l'organisation. « Je parle, dit-il, au nom d'une grande partie du peuple palestinien. »

Arafat, livide, rétorque :

– Le peuple palestinien est parfois mal élevé.

– Si c'est le cas, déclare Darwish, pourquoi ne choisissez-vous pas un autre peuple ?

Pour le poète, Arafat et l'OLP ont « désormais choisi la voie du pragmatisme et du réalisme politique plutôt que celle de l'idéalisme ». Il ajoutera, peu après : « Ma conscience ne me permet pas de prendre part à cette aventure de Gaza-Jéricho. Nous disons au revoir à notre histoire, dans un état d'anarchie. Nous entrons dans une nouvelle phase à laquelle nous ne nous sommes pas préparés. » De nombreux cadres de l'organisation partagent son analyse.

A Jérusalem, Rabin observe ces tensions avec inquiétude. La position d'Arafat, malgré la montée des contestations, reste encore incontournable, mais il redoute qu'une véritable lame de fond l'emporte.

Il sait que la pérennité de cet accord reposera, pour une bonne part, sur le soutien que lui accordera son principal allié, qu'il a jusqu'ici tenu à l'écart : les États-

Unis. Ils constituent la seule puissance capable d'en garantir à la fois la substance et la mise en application. De plus, ils jouissent d'une grande influence auprès de nombreux régimes arabes, notamment les riches monarchies pétrolières du Golfe. Enfin, l'appui américain aidera Rabin à « vendre » l'accord à l'opinion israélienne.

Le 25 août, en fin d'après-midi, le Premier ministre téléphone à Warren Christopher. Le secrétaire d'État américain passe quelques jours de vacances en Californie. Ce que lui apprend Rabin le laissera « littéralement sans voix », selon un témoin. Les responsables américains corrigeront rapidement le tir en se déclarant « ravis » de cette issue. En fait, ils sont ulcérés. Le peu de confiance qu'ils accordent à Arafat et la piètre estime dans laquelle ils tiennent Pérès, considéré par de nombreux experts outre-Atlantique comme un « politicien sans envergure », les ont conduits à traiter avec dédain cette « filière norvégienne ». « Comment aurions-nous pu, avouera un adjoint de Christopher, accorder le moindre crédit à des négociations engagées huit mois plus tôt par deux amateurs, des professeurs israéliens ignorant toutes les règles de la diplomatie ? »

L'Administration Clinton va s'efforcer de dissimuler l'ampleur de son aveuglement : quelques jours plus tôt, des responsables du Département d'État conseillaient encore à des diplomates israéliens d'« éviter tout contact avec l'OLP ».

Pourtant, le 25 août, Christopher se montre beau joueur. Rabin lui déclare :

– Monsieur le Secrétaire d'État, je voudrais que vous receviez très rapidement le ministre Shimon Pérès qui vous exposera tous les détails de l'accord.

– Bien sûr, répond l'Américain. Quand veut-il venir ?

– Il peut partir demain. Ou après-demain.

Christopher, surpris de cette hâte, ne peut qu'acquiescer. Au moment de raccrocher, Rabin ajoute :

– Il est important que cette visite reste entourée du plus grand secret.

« Tout au long de l'entretien, confiera un proche de Christopher, Rabin insistait fréquemment sur deux points : la responsabilité de l'accord lui incombait totalement et Pérès n'était que son messager. Le Premier ministre voulait que nous ayons connaissance de toutes les concessions qu'il avait faites et qu'il était prêt à faire. Il arrivait au bout de la ligne droite et cherchait de solides assurances quant à notre soutien. »

Rabin formule aussi deux requêtes. Il souhaite que le secrétaire d'État américain informe le roi Hussein de Jordanie, le Premier ministre libanais, Rafiq Hariri, et le ministre des Affaires étrangères syrien Farouk Al Shara. Christopher téléphonera d'abord à Damas. Le ministre syrien se montre surpris et prudent. « Je vais en faire part au président Assad », répond-il.

Le roi Hussein est en train de travailler, dans son palais qui domine Amman, lorsqu'il reçoit l'appel en provenance de Californie. Il est alors plus de 22 heures dans la capitale jordanienne. Le souverain dissimule mal son irritation.

– La Jordanie, monsieur le Secrétaire d'État, n'est pas simplement un pays chargé d'accueillir les réfugiés palestiniens. Nous aurions aimé être tenus informés.

– Mais je pensais, Majesté, que vous l'étiez par le président Arafat, répond maladroitement Christopher.

– Non, répond sèchement Hussein. Il m'avait toujours promis que nous avancerions en commun et je constate qu'il n'a pas tenu parole.

Le roi, au pouvoir depuis quarante-deux ans, redoute que son régime ne fasse les frais d'un tel accord. La population jordanienne est à 60 pour cent palestinienne. Des changements démographiques, économiques compromettraient la viabilité du régime.

Le lendemain, le souverain confiera à des proches : « Nous sommes en train d'assister à un véritable Disneyland politique. Observons ce spectacle surréaliste. »

En fait, alors que l'unité et le nationalisme arabe ont déjà été mis à mal par la guerre du Golfe, les Palestiniens prennent désormais leurs distances avec les pays de la région.

« Ils détachent leur cause de celle de la nation arabe », estimera un observateur égyptien.

Le voyage de Pérès en Californie a été minutieusement préparé. Hormis Rabin, son chef de cabinet, Yossi Beilin, Ouri Savir et le patron du Mossad, personne n'est au courant. Pour des raisons de sécurité et d'anonymat, il a été décidé que le ministre n'emprunterait pas un avion israélien. Holst, qui sera du voyage, propose alors d'utiliser un appareil norvégien. Accompagné de Larsen et de Mona Juul, il quitte Oslo le 27 août au matin. L'appareil fera une brève escale sur une base militaire proche de Tel-Aviv, pour embarquer Shimon Pérès et Yoël Singer, qui bravent le shabbat, puis il repart en direction de la Suisse.

Quatre heures plus tard, il se pose à Genève et s'immobilise en bout de piste, à proximité d'un autre avion, dépourvu de toute immatriculation, prêt à décoller. En quelques minutes, tous les passagers changent d'appareil et s'envolent pour Los Angeles.

Une seule escale technique est prévue, à Goose Bay. Il s'agit d'une base aérienne canadienne, située au fond d'un fjord profond, non loin du cercle polaire. Les services spéciaux israéliens, qui ont tout planifié, ont prévu que l'avion se posera en pleine nuit, dans ce coin perdu de la planète, à un moment où le trafic aérien confine à zéro. Le scénario se déroule sans accrocs.

Pérès sort de la cabine pour se dégourdir les jambes quelques minutes dans l'aéroport désert. Il n'y a que deux femmes de ménage en train de balayer les couloirs. Soudain, l'une d'elles l'aperçoit et se précipite à sa rencontre avec un grand sourire.

– Monsieur Pérès, un autographe, s'il vous plaît.

L'Israélien, consterné, fait immédiatement demi-tour et s'éloigne d'un pas pressé.

Quelques heures plus tard, l'avion se pose sur la base navale de Point Mugu, placée en état d'alerte, et située à proximité de Santa Barbara, le lieu de villégiature du secrétaire d'État américain.

Celui-ci, avec à ses côtés Dennis Ross, accueille ses hôtes sur le tarmac, puis tous s'enferment dans un salon à l'abri des regards. Les Américains, pris à contre-pied, vont se montrer beaux joueurs et réagir avec beaucoup de doigté. Christopher félicite Pérès et les Norvégiens et déclare que les États-Unis sont « prêts à soutenir totalement cet accord ».

« Ils se sont comportés très généreusement, dira Ouri Savir, car ils ont immédiatement compris que cet événement changeait la face des choses. Ils étaient dépourvus, ajoute-t-il, de cette mesquinerie qui aurait caractérisé, à mon avis, n'importe quel pays européen. »

Le secrétaire d'État américain, qui s'est longuement entretenu auparavant par téléphone avec Bill Clinton, avance une proposition : organiser une grande cérémonie à Washington, pour la ratification de l'accord. L'idée séduit Pérès et Holst.

Itzhak Rabin téléphonera à Christopher, juste après le départ de Pérès, pour s'informer de la rencontre. Le numéro un Israélien veut être sûr que son ministre s'est conduit comme un « messager honnête » et qu'il n'a pas cherché à s'attribuer tous les mérites de l'accord.

Tandis que Shimon Pérès et Johan Jorgen Holst survolent encore le territoire américain, une dépêche tombe dans toutes les salles de rédaction. Elle révèle ce que les protagonistes voulaient absolument cacher : les responsables de la diplomatie israélienne et norvégienne viennent de rencontrer secrètement, en Californie, le secrétaire d'État américain.

La fuite provient d'un haut fonctionnaire du Département d'État, auquel Christopher avait donné pour consigne de « maintenir une confidentialité absolue sur la rencontre qui vient de se dérouler ». L'homme rédigea alors une note qu'il envoya immédiatement à des dizaines de collaborateurs du ministère, avec ces mots : « M. Pérès et M. Holst viennent de rencontrer secrètement M. Warren Christopher. Il faut absolument garder le secret sur cette réunion. »

A Jérusalem, c'est la consternation. Rabin entre dans une colère froide. Il sait qu'il est désormais impossible de cacher la vérité ; il va s'employer à retarder au maximum le moment où elle sera divulguée. Les négociations se poursuivent sur l'accord de reconnaissance mutuelle. Il lui faut encore gagner quelques jours.

Le chef du gouvernement va agir avec un sang-froid et un cynisme consommés. Alors que Pérès n'est pas encore rentré, il reçoit longuement, dans son bureau, les membres de la délégation israélienne aux pourparlers de Washington. Malgré vingt-deux mois de discussions infructueuses, ils se préparent à regagner la capitale américaine où s'ouvrira, le mardi 31 août, la onzième séance de discussions.

Rabin va désinformer totalement ces diplomates qui lui ont servi pendant ces mois, sans le savoir, de « paravent ». Il s'exprime avec autorité et leur demande de faire preuve d'intransigeance face aux exigences palestiniennes.

– Ce n'est pas le moment de céder, ajoute-t-il, car l'OLP n'a jamais été en aussi mauvaise posture.

Les membres de la délégation se regardent, surpris. Rabin poursuit :

– Pour que vous ayez d'ailleurs un tableau précis de la situation, j'ai demandé au général Uri Saguy d'effectuer un exposé.

L'homme en uniforme qui pénètre dans la pièce est le chef des services de renseignements militaires. Le visage impassible, le ton froid, il va « aveugler » les membres de la délégation, profondément impressionnés par sa démonstration. « L'OLP, dit-il notamment, est en " faillite totale " et Arafat " vacille sur ses jambes. Il suffit désormais d'une pichenette pour le renverser. " »

Eliakim Rubinstein, le chef de la délégation, en voudra à Rabin de cette manipulation. Dès l'annonce de la conclusion de l'accord secret, il le désapprouvera publiquement et refusera de retourner à Washington.

Un autre rapport, véridique celui-là, préoccupe Rabin. A sa demande, le Shin Beit, chargé de la sécurité intérieure, et l'Aman, le renseignement militaire, ont enquêté dans les territoires occupés. Leurs conclusions sont inquiétantes : au moins dix mille colons juifs seraient prêts à prendre les armes pour s'opposer à un plan d'autonomie. « Une véritable OAS pourrait se créer », précise le rapport. Rabin sait qu'une explosion de violence incontrôlée stopperait le processus de transfert des pouvoirs.

Arafat redoute aussi cette éventualité. Il confie à Abou Mazen : « Si Gaza sombre dans le chaos, personne en Israël ne sera prêt à céder d'autres territoires. » Il se rappelle le message que lui a fait passer Pérès, par l'intermédiaire de Holst, la nuit où ils négociaient à Stockholm : « Neutralisez rapidement vos radicaux, nous neutraliserons notre opposition. »

Il n'ignore pas que les Israéliens lui prêteront main forte pour combattre Hamas mais il ne peut pas, pour autant, s'engager dans une lutte sans merci contre les islamistes. Un tel choix aboutirait à une guerre civile totale entre Palestiniens.

Il lui faut obtenir de Rabin un geste d'apaisement. Il va demander à Ziad Abou Ziyad d'approcher le Premier ministre. Son objectif : obtenir la libération d'une partie des quatre cents militants d'Hamas, qui ont été expulsés au Sud-Liban, en décembre dernier.

Ziad Abou Ziyad, est l'« œil » d'Arafat dans les territoires occupés. Ce Palestinien âgé de cinquante-trois ans, né dans les environs de Jérusalem, est notamment chargé de surveiller les faits et gestes de Fayçal Husseini, le chef de file des Palestiniens de l'intérieur, en qui le chef de l'OLP voit un rival.

Ziad rencontre Ephraïm Sneh, conseiller militaire d'Itzhak Rabin. Les deux hommes se connaissent depuis longtemps. Les discussions sont menées rondement. Rabin donne son accord pour le rapatriement d'une partie des déportés, malgré l'opposition de sa délégation à Washington. Les militaires israéliens voudraient que les bannis soient autorisés à rentrer au rythme de cinq par jour. Arafat appelle Abou Ziyad.

– Écoutez, je veux qu'ils reviennent tous en une seule fois, ou au pire en deux groupes.

Le Palestinien transmet le message. Peu après, il reçoit un coup de téléphone de Sneh qui lui déclare : « Rabin me charge de vous dire que vous pouvez les prendre quand vous voulez, tous ensemble ou en deux groupes, c'est à votre convenance et cela ne le dérange pas. »

Ziad Abou Ziyad rapporte ces propos au président de l'OLP. « Transmettez mes respects et ma reconnaissance à Rabin, répondra ce dernier. Il vient d'accomplir un bon geste. »

Pour Abou Ziyad, l'accord conclu en Norvège « interdit désormais à Arafat et Rabin de faire marche arrière. Ils sont tous les deux, d'une certaine façon, piégés et condamnés à poursuivre une action politique. La déclaration de principes qui a été signée représente seulement le passeport qui permet désormais aux deux parties de s'engager sur un champ de mines, où chacun doit calculer soigneusement ses pas pour éviter de sauter et de faire exploser l'ensemble ».

Le dimanche 29 août, Shimon Pérès informe le gouvernement israélien au grand complet de l'accord qui vient d'être signé avec l'OLP, prévoyant une future autonomie palestinienne à Gaza et à Jéricho. Deux jours plus tard, Israël rend la nouvelle publique, au moment même où la onzième séance des négociations bilatérales s'ouvre à Washington. Imperturbable, le chef de la délégation palestinienne, Haïdar Abdel Chafi, s'exprime comme si rien ne venait de se passer. « Nous continuons à travailler pour empêcher un effondrement du processus de paix », déclare-t-il.

« Pourtant l'heure des paravents et des comédies est terminée », souligne Hanane Achraoui. Les véritables négociations ont repris la veille à Oslo. Les délégations, toujours installées au trente-deuxième étage de l'hôtel Plazza, se sont séparées le lendemain. L'accord de reconnaissance bute sur plusieurs points. Les Israéliens voudraient que l'OLP renonce à la « lutte armée » et pas seulement au « terrorisme ». Ils souhaitent également la fin de l'Intifada et l'abrogation de la charte de l'organisation. Arafat a déclaré à Paris qu'elle était « caduque », mais elle prévoit toujours la disparition de l'État hébreu.

Depuis le 20 août, Singer et Savir ont écarté trois documents présentés par les Palestiniens. A un moment, mi-excédé, mi-ironique, Abou Ala lance à Singer :

– Au fond, Yoël, pourquoi ne rédigeriez-vous pas une proposition que nous discuterions ?

– D'accord, répond l'avocat. Je prends vos trois projets et je vais écrire quelque chose qui soit à la fois simple et clair.

– Entendu, rétorque Abou Ala.

Le texte proposé par l'Israélien sera baptisé par les deux délégations « document en sept points » et servira de base de négociations.

En fait, les Israéliens vont se retrouver piégés, comme le redoutait Rabin. Les deux camps avaient admis que la signature de la déclaration de principes serait tout à fait indépendante de la conclusion de l'accord portant sur la reconnaissance mutuelle.

Pourtant, dans les premiers jours de septembre, la délégation palestinienne annonce à Singer et Savir :

– Sans un accord global de reconnaissance mutuelle, pas de signature de la déclaration de principes. Yasser Arafat ne peut pas se le permettre.

– Mais, répond Singer, nous étions tombés d'accord pour ne pas lier les deux documents.

– Oui, c'est vrai, admet Abou Ala. Mais maintenant il est trop tard. Il y a eu des fuites. Tout le monde sait que nous négocions avec vous.

La proposition américaine, transmise à Jérusalem et Tunis, prévoit l'organisation d'une grande cérémonie à Washington le 13 septembre. Elle coupe définitivement toute retraite aux responsables israéliens. L'accord global de reconnaissance doit absolument être conclu avant cette date.

Le 31 août, Rabin et Pérès commencent à « vendre » à l'opinion israélienne le projet d'autonomie. « Les horizons de la paix sont maintenants ouverts, déclare le Premier ministre devant le Parlement. Il y a un mouvement, dans l'ensemble du monde arabe, en direction de la paix. Je ne veux pas dire qu'il n'y aura pas d'obstacles ni de difficultés mais je suis convaincu que l'horizon de la paix est désormais ouvert. »

L'effondrement du mythe d'un « grand Israël », défendu depuis plus de quinze ans par la droite israélienne, crée un véritable choc dans l'opposition. Benjamin Netanyahu, le leader du Likoud, évoque la menace d'un État palestinien qui conduira à une « extrême vulnérabilité d'Israël ».

Arafat, lui, déploie une intense activité diplomatique.

Le même jour, tôt dans la matinée, il téléphone à Damas. Hafez El-Assad refuse de lui parler. Embarrassé, le président de l'OLP demande au collaborateur du président syrien qui est au bout du fil : « Dites absolument au frère bien-aimé, Hafez El-Assad, que je souhaite pouvoir le rencontrer très rapidement pour dissiper tous les malentendus. »

Le leader palestinien s'envole immédiatement après pour Alexandrie, où l'attend Hosni Moubarak. Arafat remercie chaleureusement le président égyptien pour son aide. Celui-ci répond : « Vous avez pris une bonne, une courageuse décision. Regardez l'Égypte. Nous sommes revenus à la paix, à l'initiative de Sadate, et maintenant nous essayons de développer notre économie, de construire notre pays. C'est la finalité de tout processus de paix. »

Arafat acquiesce en affichant un sourire attentif. En réalité, l'exposé de Moubarak est loin de ses préoccupations immédiates. L'hostilité d'Assad le préoccupe. Si le président syrien décide de dénoncer l'accord, il peut créer un véritable « Front du refus » qui rallierait d'autres États arabes. Arafat est engagé dans une course de vitesse. Il compte encore une fois sur la médiation égyptienne. Il expose ses craintes à Moubarak. « Je vais appeler Assad et le roi Fahd, promet le président égyptien. Voulez-vous que je le fasse maintenant ? »

Le président de l'OLP est ravi. Pourtant, ces appels se révéleront désastreux. Le président syrien est en réunion avec Hussein de Jordanie qui vient d'arriver à Damas; une visite impromptue. Le rapprochement israélo-palestinien rend nerveux les deux dirigeants.

Le roi d'Arabie Saoudite, lui, répond sèchement au chef de l'État égyptien : « Je vous remercie de m'informer, mais je ne veux pas entendre parler d'Arafat. »

Fahd voue une haine totale au leader palestinien, depuis que celui-ci s'était rangé aux côtés de Saddam Hussein durant la guerre du Golfe.

En fin d'après-midi, Arafat s'envole pour le Soudan. Il rencontre longuement Hassan Tourabi, l'idéologue du régime islamique au pouvoir à Khartoum. Pour un grand nombre d'experts occidentaux, le régime soudanais apporte un soutien actif à de nombreux mouvements extrémistes islamistes. Arafat va s'employer à convaincre Tourabi, un homme souriant et cultivé, d'user de toute son influence auprès des responsables d'Hamas, pour qu'ils ne se lancent pas dans une opposition violente à l'accord.

Le 2 septembre, Arafat arrive à Casablanca, où il rencontre longuement le roi Hassan II. Le souverain marocain a été le premier responsable arabe à ouvrir un dialogue avec les Israéliens, en recevant Moshé Dayan, puis Rabin et Pérès. Plusieurs rencontres importantes entre représentants de l'État hébreu et personnalités palestiniennes se sont déroulées sur le sol marocain. Enfin, le roi préside le comité Al Qods, sur le statut de Jérusalem, créé par l'Organisation de la Conférence islamique.

Dès son arrivée au Maroc, Arafat fait une déclaration remarquée, lyrique et menaçante : « L'État palestinien est à portée de notre étreinte. Notre drapeau palestinien flottera rapidement sur les murs, les minarets et les cathédrales de Jérusalem. »

A son retour à Tunis, le jour même, en fin d'après-midi, le président de l'OLP prend connaissance d'un message sibyllin transmis par Rabin : « Ces propos sont inacceptables. Rappelez-vous les termes de notre accord. »

Le Premier ministre israélien faisait-il référence aux clauses secrètes qui auraient été négociées ? En tout cas, Arafat ne parlera plus en public d'État palestinien.

Le 3 septembre, l'homme au keffieh s'enferme pour une confrontation longue et tumultueuse avec les membres du comité central du Fatah, la principale composante de l'OLP. Sur les dix-huit personnalités qui siègent à cet organisme, six sont absentes. Eliya Khoury, un évêque chrétien, est trop malade pour se déplacer jusqu'à Tunis. Mohamed Darwish, le poète, et Shafik El Hout, le représentant de l'OLP au Liban, ont démissionné pour marquer leur désapprobation envers les méthodes d'Arafat. Les autres ont décidé de boycotter la séance. Elle va durer quinze heures.

Les débats sont houleux, au point que deux participants quitteront la réunion. Arafat se voit reprocher ses méthodes et la conclusion d'un accord qui aurait dû, au préalable, recevoir l'aval du Conseil national palestinien (le Parlement en exil). Le président de l'OLP rejette toute convocation de ce Conseil palestinien pour statuer sur l'« option Gaza-Jéricho ». Abou Zaki, un des contestataires, lance : « Tu as négocié secrètement pendant huit mois pour abandonner le rêve d'un État palestinien. »

Les hommes qui entourent Arafat sont, pour la plupart, des réfugiés de 1967, lorsque la Cisjordanie et Gaza ont été conquis par Israël. Cependant Khaled Al Hassan, un des fondateurs du Fatah, s'exclame : « Ce texte ne prévoit rien pour le retour des réfugiés qui ont dû partir en 1948. Où irons-nous ? »

Pour Farouk Kaddoumi, la déclaration de principes conclue avec Israël est une « honte ». L'homme, ministre des Affaires étrangères en titre de l'OLP, en veut à Arafat d'avoir été tenu à l'écart des négociations. Peu après cette réunion, il s'envolera pour Bagdad, où il aura de longs entretiens avec Saddam Hussein.

A un moment, les échanges deviennent si tendus qu'un des membres du comité central lancera à Arafat : « J'ai du mal désormais à te regarder dans les yeux. » Le chef de l'OLP réplique : « Tes fils me remercieront un jour ! »

La réunion s'achève à 3 heures du matin, le samedi 4 septembre. Arafat, au moment de conclure, déclare à ses opposants : « Le texte que je vous ai présenté est un accord entre nous et Israël et personne ne peut y changer un mot ou même ajouter une virgule. Vous l'acceptez tel quel où vous le rejetez tel quel. Qui est contre ?

Quatre mains se lèvent.

– Bien, conclut Arafat avec un sourire, en regardant les huit autres membres du comité central qui n'ont pas bronché, je déclare que l'issue du débat m'est favorable et que l'accord vient d'être approuvé.

18

PÈRES ET FILS

Après les pères, les fils. Nous entendons des noms qui nous disent quelque chose, mais les prénoms ne sont pas les mêmes...

Il s'agit des enfants des hommes que nous avons connus. Les enfants de ceux qui, depuis trente ans, tentent de construire la paix. Le monde est petit, ce monde qui se déchire et se raccommode. Israël est un pays minuscule, les Palestiniens non plus ne sont pas si nombreux. Pas étonnant, au fond, que l'on retrouve les mêmes !

Les efforts sincères des pères sont restés vains. Il a fallu que la deuxième génération s'en mêle.

Ron Pundik négociait à Oslo depuis le premier jour aux côtés de Yaïr Hirschfeld. Comme lui, il enseigne l'histoire du Proche-Orient à l'université de Tel-Aviv.

Son père, Herbert, est un journaliste israélo-danois bien connu. Menu, le regard mobile à travers ses lunettes d'écaille, le fils de trente-quatre ans se souvient bien des discussions de son père avec l'écrivain Amos Ellon et nous-même. Nous cherchions le chemin de la paix, le petit garçon qui nous écoutait l'a trouvé à son heure.

Dans le camp d'en face, Yasser Arafat a chargé un autre fils, Saïr Nusseïbeh, d'organiser l'administration.

Combien d'heures avions-nous passées à comploter avec le père de Saïr, Anouar Nusseïbeh! Personnalité impressionnante, ancien ministre du roi Hussein, après la guerre des Six Jours, Anouar Nusseïbeh avait démissionné du gouvernement pour rester à Jérusalem. Sa vaste maison se trouvait dans la partie de la ville conquise par les Israéliens sur les Jordaniens, en face de l'hôtel American Colony.

Le fils ne se préoccupait guère, à l'époque, de nos chimères.

Depuis, il a fait ses études aux États-Unis, il enseigne à l'université de Bir Zeit et voilà des années qu'il milite pour que l'OLP négocie avec Israël.

Moshé Sneh compte parmi les fondateurs de l'État d'Israël. Dirigeant historique de la Haganah, il a ensuite conduit la destinée d'un des deux partis communistes israéliens, en rupture de ban avec Moscou.

Son fils Ephraïm lui ressemble, trapu, gras même, le visage rond et ouvert éclairé fugitivement d'un sourire. Ayant hérité du tempérament actif de son papa, il est général, député et président de la Commission de la défense au Parlement.

Ephraïm Sneh se souvient de nos projets, articles, contacts, proclamations. Il a gardé toutes nos lettres à son père.

Itzhak Rabin, Premier ministre, a chargé Ephraïm de mettre sur pied avec Arafat des conversations parallèles à celles d'Oslo.

« Qui l'eût cru, n'est-ce pas ? nous dit-il en riant. Et encore, vous ne savez pas tout! Pendant la guerre du Liban, j'avais la responsabilité du secteur du Sud-Liban. Un certain jour de 1982, à Beyrouth, je suis monté sur le toit d'un immeuble, dans le centre, avec le général Drory, le colonel libanais Haddad et l'Américain Maurice Draper, l'adjoint de Philippe Habib. Dans nos jumelles, Yasser Arafat. Il embarquait sur un bateau avec son état-major. Ils changeaient d'exil. J'ai déchiffré

le nom du bâtiment et je n'en croyais pas mes yeux : l'Atlantide. *Présage ? Je l'ai montré aux autres. Nous avons sans doute tous les quatre pensé la même chose, mais c'est l'Américain qui a fait la remarque à haute voix : " Et si cette* Atlantide *sombrait comme le continent englouti ? " Arafat... Je le tenais dans mes jumelles aussi nettement que dans un viseur. Et puis... et puis aujourd'hui, j'ai servi de relais entre Itzhak Rabin et lui. »*

19

LES ULTIMES AFFRONTEMENTS

Le 5 septembre, Shimon Pérès est à Paris. « Nous sommes tout près de la paix complète », confie-t-il. Il rencontre dans la matinée son homologue français, Alain Juppé, avant de s'envoler pour le Sud-Ouest où François Mitterrand l'a convié à déjeuner dans sa bergerie de Latche. Le président français, veste claire, chemise à col ouvert, interroge son « vieil ami » israélien sur les progrès des négociations qui se poursuivent à Paris et portant sur la reconnaissance mutuelle : « Il y a la volonté mais pas encore la date », répond Shimon Pérès.

Le secret est éventé mais la presse n'arrive pas à localiser les négociateurs.

Le lendemain, 6 septembre, Yasser Arafat est à Damas. Ses entretiens avec Hafez El-Assad dureront six heures, dans « un climat de fraternité, de chaleur et de dignité », selon le leader de l'OLP. En réalité, l'entrevue se déroule dans une atmosphère glaciale et tendue. Le président syrien, visiblement contrarié, écoute en silence les très longues explications fournies par le Palestinien.

Un argument irrite particulièrement Assad. Arafat lui apprend qu'il a obtenu l'appui de douze États arabes, dont six riches monarchies du Golfe, jusqu'ici adversaires déclarés de l'OLP et de son chef.

Cette nouvelle réduit à néant les espoirs du Syrien, qui espérait que la Centrale palestinienne se retrouverait isolée sur la scène arabe. Assad sait que les Américains ont pesé d'un poids décisif pour rallier tout ces pays. Même son voisin jordanien vient de faire volte-face.

Il répond d'un ton sec à Arafat, qui tente de lui expliquer les bienfaits d'un tel accord sur les pays de la région : « C'est une solution palestinienne. Vous êtes libre de négocier un accord comme vous l'avez choisi. » Immobile, au fond de son fauteuil, il marque une pause puis ajoute : « Mais, dans l'accord que vous avez conclu, Israël reste le maître de la terre. Il vous faudra toujours obtenir la permission des Israéliens pour entrer et sortir des territoires, ou vous rendre de Gaza à Jéricho. » L'argument fait mouche. Arafat embarrassé ne répond pas. Assad n'ignore pas, cependant, que sa propre marge de manœuvre est réduite. Il est désormais trop isolé pour s'opposer aux Américains. Damas abrite une dizaine d'organisations palestiniennes hostiles à l'accord. Le responsable de l'une d'elles, Ahmed Jibril, vient même de comparer Arafat à « un chien prêt à vendre sa mère pour le pouvoir ». Mais, en même temps, comme l'expliquera un des collaborateurs du chef de l'OLP, présent aux entretiens, « Assad, nous le sentions, ne pouvait pas s'opposer à un agrément qui aboutirait à un retrait militaire israélien des territoires occupés ».

Le 7 septembre, Arafat arrive au Caire. Il vient de faire transférer dans les banques égyptiennes un milliard de dollars, prélevés sur les fonds secrets du Fatah. L'argent est destiné à financer les premiers travaux d'infrastructure à Gaza et Jéricho.

Arafat et ses conseillers butent sur un problème délicat : les Israéliens exigent la suppression de la Charte de l'OLP, rédigée en 1964, qui décrit l'État juif comme une entité sioniste, illégale et raciste, et appelle à sa destruction par la force. Or il est impossible au président de l'OLP de changer ou d'amender un seul des trente-trois paragraphes de la Charte sans un vote aux deux tiers du Conseil national palestinien, composé de six cents membres. Une procédure longue et risquée qui prendrait des semaines et pourrait aboutir à une remise en cause de l'accord.

Osama El Baz et Amr Moussa, le ministre égyptien des Affaires étrangères, essaient de rapprocher les points de vue, mais les Israéliens se montrent intraitables. Arafat avait déclaré que la Charte était « caduque » mais cette formulation ne suffit pas à Jérusalem. Les négociateurs palestiniens proposent alors le terme « hors de propos » (*irrelevant* en anglais). Il est également rejeté. L'impasse semble totale. Une personnalité de passage demande à Moussa : « Y aura-t-il vraiment une naissance ? »

L'Égyptien lui répond avec un geste fataliste de la main : « Je peux vous assurer qu'il y a un bébé. Mais la date exacte de l'accouchement dépend encore de beaucoup de choses. »

Le 8 au soir, Ouri Savir et Yoël Singer pénètrent dans le hall de l'hôtel Bristol, le palace situé rue du Faubourg-Saint-Honoré, à deux pas de l'Élysée.

Ils empruntent le vieil ascenseur en bois qui les dépose à proximité des suites 117 et 118 où les attendent Johan Jorgen Holst, Rod Larsen, Abou Ala et Hassan Asfour.

Il s'agit en fait d'un luxueux appartement disposant d'une terrasse qui offre une vue sur la tour Eiffel illuminée et la tour Montparnasse. La décoration intérieure est soignée. Murs recouverts de boiseries, fauteuils profonds, canapés rayés, table laquée basse devant la cheminée, éclairages discrets.

Le choix de l'hôtel revient à Holst. Le Norvégien

affectionne cet endroit, « le dernier en réalité, estime Savir, où mener une discussion de ce type. C'est comme vouloir organiser une rencontre secrète, à Jérusalem, en choisissant l'hôtel King David. Par chance, les journalistes, qui savaient que nous étions à Paris, nous ont cherché partout, sauf aux deux endroits où nous étions : le Crillon et le Bristol ».

Les six hommes se retrouvent avec la perspective d'une nuit blanche. Il leur faut, d'ici demain, avoir levé tous les obstacles qui subsistent encore. Holst doit s'envoler dans la matinée pour Tunis puis Tel-Aviv, porteur de deux documents qui seront signés par Arafat et Rabin. Dans cet échange de lettres entre les dirigeants, Israël reconnaît l'existence de l'OLP, tandis que la Centrale palestinienne garantira, entre autres, le droit d'Israël à la sécurité et à l'existence.

Arafat, Rabin et Pérès resteront toute la nuit en liaison téléphonique avec leurs négociateurs. Ceux-ci ne commandent ni dîner ni sandwiches, et font seulement monter dans les chambres d'impressionnantes quantités de café. Les serveurs qui pénètrent dans la pièce et aperçoivent ces hommes en manches de chemise, réunis autour d'une table, sont persuadés qu'ils se préparent à entamer une longue partie de cartes.

« Toutes les trois heures, une crise surgissait », rappelle Ouri Savir.

Les discussions ont commencé quelques jours plus tôt à l'hôtel Crillon.

– Nous voulons que vous reconnaissiez le droit d'Israël à exister dans la paix et dans la sécurité, déclare Singer.

– Nous sommes d'accord, répond Abou Ala.

Singer le regarde, stupéfait :

– Votre réponse ne nous apporte rien de concret.

Les Palestiniens s'absentent pour téléphoner à Tunis. Quand ils reviennent, Hassan Asfour confie aux Israéliens :

– Nous avons parlé avec Abou Ammar (le nom de guerre d'Arafat). Il n'est pas content du tout de votre exigence, mais enfin il est d'accord pour reconnaître le droit d'Israël à vivre en paix et en sécurité.

Singer va alors rédiger un projet qui mentionne « le droit d'Israël à exister en paix et en sécurité ».

About Ala lit et répond :

– Non. Nous sommes d'accord pour le mot « vivre » mais nous ne pouvons pas admettre le terme « exister ».

Singer et Savir se regardent, abasourdis :

– Mais quelle différence, demande Savir, voyez-vous entre les deux termes ?

– J'en vois une de taille, répond Abou Ala avec gravité. Vivre est l'état normal tandis qu'exister est de l'ordre de la légitimité.

C'est un véritable affrontement sémantique où chaque mot est un concept : « Cette nuit a ressemblé à un accouchement », dira Savir en évoquant les dernières heures au Bristol.

A 3 h 30 du matin, il téléphone à Pérès, toujours à son bureau. Le directeur général du ministère des Affaires étrangères annonce qu'Arafat vient de reconnaître Israël et de renoncer au terrorisme. Il est également d'accord pour accepter d'écrire que les clauses contenues dans la Charte palestinienne et appelant à la destruction d'Israël sont désormais « non valides » (*invalid* en anglais). Mais il refuse toujours d'ordonner la fin de l'Intifada, ce soulèvement populaire palestinien qui a éclaté depuis bientôt six ans et qui a échappé en partie au contrôle de la direction de l'OLP à Tunis.

Quand Singer et Savir passent dans la pièce voisine, pour consulter Jérusalem, Abou Ala, débonnaire glisse à Holst et Larsen : « Détendez-vous, ils sont juste allés pêcher. »

Pérès téléphone immédiatement à Rabin pour lui exposer les termes présentés par les Palestiniens. « On ne cède pas sur l'Intifada, répond le Premier ministre, sinon l'accord sera *nicht akhim oun nicht akher.* » (Cette expression en yiddish veut dire « non durable »).

A 6 heures du matin, les Israéliens se retirent pour prendre quelques heures de repos. Il ne reste plus qu'un seul point en suspens : Jérusalem voudrait que l'OLP appelle la population des territoires à renoncer à la violence et au terrorisme.

Arafat fait répondre immédiatement : « Il est impossible d'exiger un engagement collectif des populations des territoires occupés. »

Les Israéliens proposent alors que l'OLP appelle la population des territoires à « rejeter » *(to reject)* la violence et le terrorisme. Le verbe choisi semble satisfaire les Palestiniens.

Pourtant, quand les deux délégations se retrouvent à 11 heures pour rédiger les lettres que Holst doit porter à Tunis et Jérusalem, Abou Ala annonce : « Notre réponse sur ce dernier point est " non ". Arafat s'est entretenu avec les membres du comité exécutif de l'OLP qui refusent que nous lancions un appel à la population des territoires. »

Singer tente de joindre Shimon Pérès.

Le ministre est à la tribune de la Knesseth. Le combiné à la main, l'avocat attend que le ministre soit redescendu :

– Que se passe-t-il encore ? demande Pérès excédé.

– Eh bien, nous avons une nouvelle crise sur les bras.

– Je vais consulter Rabin.

Dix minutes plus tard, le téléphone sonne dans la suite du Bristol. Pérès laconique annonce : « Pas d'accord, sans l'appel. »

La partie de bras de fer va se prolonger, alors que Holst doit décoller avec les documents, au plus tard à 13 heures. Les Palestiniens finiront par céder dans les ultimes minutes : « Ils ont toujours cru, dira Savir, que nous allions renoncer au dernier moment. »

Sans mentionner l'Intifada, Arafat affirme dans sa lettre à Rabin que l'OLP « renoncera à recourir au terrorisme et à la violence, et assumera la responsabilité sur l'ensemble des éléments et personnels de l'OLP afin d'assurer le respect de cet engagement, à en prévenir les violations et à prendre des mesures disciplinaires contre les contrevenants. »

Une autre lettre destinée à Holst évoquera, elle, un « appel de l'OLP aux Palestiniens de Cisjordanie et Gaza à rejeter la violence et le terrorisme ».

Tandis que le ministre norvégien, accompagné de Larsen, quitte le Bristol pour l'aéroport avec dans sa mallette trois lettres, deux devant être signées par Arafat et une par Rabin, les quatre hommes restés dans la suite poussent un immense soupir de soulagement. Ils sont enfin parvenus au terme d'une entreprise que beaucoup jugeaient insurmontable et irréalisable.

Étrange symbole de cette paix qui va peut être s'ébaucher, la fille d'Ouri Savir et le fils d'Abou Ala se sont rencontrés la veille au soir, pour la première fois, à l'hôtel. Elle vient juste d'achever son service militaire et le garçon, détenteur d'un passeport américain, effectue un voyage en Europe. Tandis que leurs pères s'affrontent sur le choix des mots et l'emplacement des virgules, eux discutent amicalement, plaisantent et décident de passer la soirée ensemble.

Après le départ de Holst, Abou Ala se tourne vers Hassan Asfour, puis fixe longuement Yoël Singer et Ouri Savir. Tous ont les traits creusés par la fatigue. Le Palestinien passe sa main sur son visage et exhale un long soupir :

– Franchement, ce fut dur, mais je pense que tout cela va me manquer...

Il adresse un large sourire à ses adversaires :

– Je suis désolé de ne pas pouvoir continuer à négocier avec vous, j'ai beaucoup aimé le faire.

Singer sourit et se met alors à imiter la voix et les gestes des deux Palestiniens au cours des discussions, provoquant l'hilarité dans la pièce. Tout le monde rit aux larmes.

– Nous formons tous une sacré bande d'escrocs, lance Abou Ala à l'adresse de Singer.

« Sa remarque, dira l'avocat, se voulait vraiment un compliment. Elle signifiait également : " Nous savions que vous nous tendiez des pièges et vous saviez que nous vous en tendions aussi. Mais nous aimions les uns et les autres nous y adonner. " »

A l'aéroport de Tunis, une foule de journalistes attend Holst et Larsen. Ils se fraient un passage difficile jusqu'à la voiture, où a déjà pris place un officiel de l'OLP. L'homme est un vieux militant, ami de longue date des Norvégiens. Il désigne du doigt la mallette que le ministre tient à la main :

– Tout est dedans ?

Le Norvégien hoche la tête :

– Oui.

Le Palestinien se met alors à fondre en larmes sur l'épaule de Larsen qui sanglote aussi.

Au même moment, au quartier général de l'OLP, le climat est tendu. Le comité exécutif de l'OLP, composé de treize membres, vient de s'achever. Neuf membres ont voté en faveur d'Arafat et quatre contre. Mais aucun visage n'exprime l'allégresse. Farouk Kaddoumi a boycotté la séance mais plusieurs intervenants ont estimé que l'OLP avait trop concédé.

Arafat sort de la salle, où un immense agrandissement de la mosquée d'Al Aqsa, à Jérusalem, recouvre tout le mur, pour aller à la rencontre des Norvégiens. Après une longue accolade, Holst et Arafat passent dans une autre pièce. Le ministre norvégien sort les deux lettres de son attaché-case en cuir marron. Le président de l'OLP chausse ses lunettes et les relit attentivement, puis appose sa signature, précédée de la mention « sincèrement », au bas de chaque missive. La première est destinée à Itzhak Rabin, la seconde à Holst. La cérémonie se déroule dans un étrange climat, d'où toute euphorie est cette fois absente. Un seul photographe fixe ce moment. Arafat a accepté une ultime exigence israélienne. Il signe ces lettres « président de l'OLP » et non, comme il le souhaitait, « président de la Palestine ».

Entrevoit-il, à cet instant, les limites de l'accord qu'il a conclu ?

Il raccompagne Holst jusqu'à l'extérieur, où règne une chaleur humide. Les journalistes se rapprochent. Arafat a un étrange sourire, presque absent. A une question posée, il répond, d'un ton mécanique : « Oui, nous avons signé. »

Ce 9 septembre au soir, Holst s'engouffre dans une limousine noire qui le conduit au Hilton, situé sur les hauteurs de Tunis, où il prendra quelques heures de repos avant de redécoller pour Tel-Aviv. De là, il gagne par la route Jérusalem où Shimon Pérès l'attend pour un petit déjeuner, à l'hôtel King David. Puis ils rejoignent Itzhak Rabin. Une table a été dressée ; Pérès et Holst prennent place aux côtés du Premier ministre, face aux caméras de la télévision israélienne qui retransmettent la cérémonie en direct.

Rabin se tourne vers Holst avec un léger sourire :

– Je crois savoir que vous m'apportez une lettre.

Le Norvégien lui tend la missive signée par Arafat. Rabin, lui aussi, met ses lunettes et lit soigneusement ce texte dont il connaît pourtant par cœur chaque ligne. « Il ressemblait, dira un témoin de la scène, à un homme sur le point d'acheter une voiture et relisant le contrat pour être sûr qu'il correspond en tout point à ce qu'il a négocié avec le vendeur. »

Satisfait, il tire alors de sa poche intérieure un stylo à

bille bleu et signe sur la lettre, destinée cette fois au chef de l'OLP, « I. Rabin ».

D'un trait, il raye le mot « sincèrement », placé juste au-dessus.

Il est à peu près 10 heures, le matin du 10 septembre.

Yasser Arafat à Itzhak Rabin :

9 septembre 1993

Monsieur le Premier ministre,

La signature de la Déclaration de principes marque une nouvelle ère dans l'histoire du Proche-Orient. Dans cette ferme conviction, je voudrais confirmer les engagements suivant de l'OLP :

L'OLP reconnaît le droit de l'État d'Israël à vivre en paix et dans la sécurité.

L'OLP accepte les résolutions 242 et 338 du Conseil de sécurité de l'Organisation des Nations unies.

L'OLP s'engage dans le processus de paix du Proche-Orient et dans une résolution pacifique du conflit entre les deux parties et déclare que toutes les questions en suspens liées au statut permanent seront résolues par la négociation.

L'OLP considère que la signature de la déclaration de principes constitue un événement historique inaugurant une époque nouvelle de coexistence pacifique, sans violence et sans autre acte qui pourrait mettre en danger la paix et la stabilité.

Ainsi, l'OLP renonce à recourir au terrorisme et à tout autre acte de violence et assumera la responsabilité sur l'ensemble des éléments et personnels de l'OLP, afin d'assurer le respect [de cet engagement], à en prévenir les violations et à prendre des mesures disciplinaires contre les contrevenants.

Dans la perspective d'un ère nouvelle et de la signature de la Déclaration de principes, dans le cadre de l'acceptation palestinienne des résolutions 242 et 338 du Conseil de sécurité, l'OLP affirme que les articles et les points de la Charte palestinienne qui nient le droit d'Israël à exister, ainsi que les points de la Charte qui sont en contradiction avec les engagement de cette lettre sont désormais inopérants et non valides.

En conséquence, l'OLP va soumettre à l'approbation formelle du Conseil national palestinien (CNP-Parlement en exil) les modifications nécessaires dans la Charte palestinienne.

Sincèrement,
Yasser Arafat,
Président de l'OLP.

Yasser Arafat à Johan Jorgen Holst,
Ministre norvégien des Affaires étrangères :

9 septembre 1993

Cher ministre Holst,

Je voudrais vous confirmer que lors de la signature de la Déclaration de principes, j'inclurai les positions suivantes dans mes déclarations publiques :

– A la lumière de l'ère nouvelle marquée par la signature de la Déclaration de principes, l'OLP encourage et appelle le peuple palestinien de la Cisjordanie et de la bande de Gaza à prendre part aux mesures menant à la normalisation, rejetant la violence et le terrorisme, contribuant à la paix et à la stabilité et participant activement à la reconstruction, au développement économique et à la coopération.

Sincèrement,
Yasser Arafat,
Président de l'OLP.

La réponse d'Itzhak Rabin à Yasser Arafat :

9 septembre 1993

Monsieur le Président,

En réponse à votre lettre du 9 septembre 1993, je souhaite vous confirmer qu'à la lumière des engagements de l'OLP qui y figurent, le gouvernement d'Israël a décidé de reconnaître l'OLP comme le représentant du peuple palestinien et de commencer des négociations avec l'OLP dans le cadre du processus de paix au Proche-Orient.

Itzhak Rabin,
Premier ministre d'Israël.

« Je pense, déclare Rabin juste après la fin de la cérémonie, que c'est le début d'une nouvelle ère. J'espère que cet accord mettra fin à cent années d'affrontements sanglants et de misères entre les Palestiniens et les Juifs, et entre Palestiniens et Israéliens. » Il ajoute peu après, en privé, le visage sombre : « Il reste encore une longue route à accomplir. »

Le même jour, un sondage publié dans la presse indique que 57 pour cent des Israéliens sont favorables à l'option Gaza-Jéricho et que 41 pour cent sont contre.

Au terme de cet accord, l'OLP abandonne l'objectif qui avait motivé sa création, vingt-neuf ans plus tôt, à savoir « la libération de l'ensemble des territoires de la Palestine ».

« L'OLP reconnaît le droit d'Israël à l'existence dans la paix et la sécurité. » En contrepartie Israël « décide de reconnaître l'OLP comme représentant du peuple palestinien ». Mais Rabin et ses négociateurs ont refusé d'y ajouter le terme « unique représentant ». La veille, le Premier ministre israélien a répondu, face aux critiques qui lui sont adressées : « On ne fait jamais la paix avec des amis, elle se fait toujours avec des ennemis déplaisants. »

Quelques heures plus tard, la Maison-Blanche envoie les invitations pour la cérémonie du 13 septembre, à Israël et à l'OLP. Celles-ci ne sont pas nominatives. Personne à Washington n'envisage alors que Arafat et Rabin effectuent le voyage. Il semble probable que l'accord sera ratifié au niveau ministériel : Shimon Pérès pour Israël, Abou Mazen pour l'OLP.

Bill Clinton, qui volait vers la Californie à bord du Boeing présidentiel 747 Air Force One, va mettre à profit le trajet pour s'engager à son tour dans cette « diplomatie parallèle », chère à George Bush. Il multiplie les coups de téléphone aux principaux protagonistes.

Assis dans un fauteuil en cuir, avec à côté une tablette en bois où sont étalés ses dossiers, il joint d'abord Rabin.

– Itzhak, félicitations. Comment vous sentez-vous aujourd'hui ? Cet accord est vraiment magnifique. Nous sommes tous fiers de vous.

Rabin, de sa voix au débit lent, répond à la fois incrédule et amusé :

– Pouvez-vous le croire, monsieur le Président ? Je viens de signer une lettre envoyée à Yasser Arafat. Alors que je l'ai combattu pendant des décennies.

– Pensiez-vous, demande Clinton, que le président Arafat irait jusqu'au bout ?

Rabin marque une légère hésitation avant de répondre :

– Franchement non !

– Moi non plus, répond le chef de l'exécutif américain, mais en faisant cet excellent choix, il a offert à la prochaine génération d'enfants palestiniens une chance de mener une vie normale.

Clinton joint ensuite le roi Fahd.

– Majesté, lui dit-il, vous avez été un grand allié des États-Unis et une grande force qui a œuvré pour une solution pacifique du conflit du Golfe. Mais nous ne sommes plus, aujourd'hui, dans le même contexte que lors des accords de Camp David, où les États-Unis avaient supporté l'essentiel de la responsabilité financière, en raison de l'environnement mondial et de l'affrontement, à l'époque, entre super-puissances.

– Décidez de l'organisation des choses, répond le souverain saoudien et dites-moi ce que nous sommes supposés faire. Nous vous suivrons. C'est trop important. Vous connaissez mes réserves à propos d'Arafat, mais il s'agit d'un immense accord.

Son dernier appel sera destiné à Hafez El-Assad. Clinton conserve à l'esprit la formule d'un expert du Moyen-Orient : « Dans cette région, pas de guerre possible sans l'Égypte, pas de paix durable sans la Syrie. »

La conversation entre les deux hommes dure trente minutes.

Le Syrien se montre à la fois conciliant et ferme :

– Je pense que vous avez raison, déclare-t-il notamment à Clinton. Cet accord est un facteur positif pour nous tous. Je suis prêt à appuyer tout ce qui vient d'être conclu entre l'OLP et Israël, mais les choses ne doivent pas en rester là. Il faut qu'elles s'accompagnent d'une percée sur le front israélo-syrien. Je voudrais savoir si vous êtes prêt à appuyer un processus de règlement global.

– Je vous réponds très fermement, oui, et vous devrez, vous aussi, soutenir un tel accord. Le problème essentiel, ajoute Clinton, est celui de la sécurité d'Israël. Les personnes qui dans ce pays s'opposent à l'accord le font parce qu'elles croient qu'il affaiblira encore leur sécurité. C'est pourquoi il est indispensable de résoudre, que vous résolviez, monsieur le Président, le différend qui vous oppose à Israël. Lundi 13 septembre, vous aurez la possibilité d'envoyer un signal clair aux Israéliens, préoccupés de sécurité. Si votre ambassadeur, ce jour-là, est présent à la cérémonie, ce sera un geste prouvant que vous êtes sérieux.

– Je comprends vos préoccupations, répond Assad, toujours par le truchement d'un interprète, mais j'ai besoin d'être sûr que vous manifesterez la même vigilance pour tout ce qui concerne la défense de nos intérêts. Vous savez, les gens chez nous sont également inquiets et ils ne veulent pas se sentir lésés ou négligés après la conclusion de cet accord.

Après avoir raccroché, Clinton téléphone longuement à Lee Aspin, le secrétaire à la Défense : « Notre priorité essentielle est l'opinion publique israélienne. Elle doit se sentir rassurée et protégée sinon l'opposition s'amplifiera et finira par bloquer tout accord global, y compris avec la Syrie. Lee, ajoute-t-il, les Israéliens doivent savoir que même un traité de paix n'aboutira pas à une réduction de l'aide ou du soutien militaire américain. Je voudrais que vous demandiez aux experts du Pentagone de plancher sur une hypothèse : l'augmentation de notre assistance militaire à Israël pour le soulager du coût que représentera le redéploiement de ses troupes situées dans la bande de Gaza et à Jéricho. »

Ce vendredi 10, en fin d'après-midi, les choses s'accélèrent. Dennis Ross, le coordinateur spécial des problèmes du Moyen-Orient au Département d'État, reçoit les réponses des deux camps. Shimon Pérès conduira la délégation israélienne qui assistera à la cérémonie du lundi 13 septembre à Washington. Le message venant de Tunis est, lui, plus flou : la délégation palestinienne n'a pas encore été formée mais les Américains apprennent que probablement Abou Mazen, le numéro deux de l'OLP, sera à sa tête.

A 19 heures, un officiel du Département d'État resté de permanence reçoit une nouvelle qui « brûlait les doigts », selon la formule d'un de ses assistants. Hanane Achraoui prévient l'Administration américaine que Yasser Arafat en personne fera le voyage de Washington.

Dennis Ross est immédiatement informé. Son embarras est total. Il téléphone chez Warren Christopher, qui avait invité, ce soir-là, quelques journalistes à venir boire un verre dans sa maison de Georgetown.

Le secrétaire d'État quitte le salon pour prendre l'appel.

– Arafat sera lundi sur la pelouse de la Maison-Blanche, annonce Ross.

Christopher, interloqué, demande :

– En êtes-vous sûr ?

– Certain. L'information vient de nous parvenir.

Le chef de la diplomatie américaine rejoint ses invités et se montre un hôte charmant, ne manifestant aucune impatience devant la soirée qui se prolongeait. Le dernier journaliste parti, il se précipite sur le téléphone et, sur la ligne spéciale qui le relie en permanence au Président, il parle longuement à Bill Clinton.

Ce dernier, totalement surpris par la nouvelle, déclare :

– Il faut absolument que Rabin soit présent.

– Vous avez raison, monsieur le Président, mais il vient justement de faire une déclaration où il indique qu'« après avoir mûrement réfléchi, il ne viendra pas ».

– Appelez-le, répond Clinton, et si vous n'arrivez pas à le convaincre, je lui parlerai moi-même.

Peu après minuit, heure de Washington, Christopher téléphone à la résidence privée de Rabin. Il est 6 heures du matin à Jérusalem, le samedi 11. Le Premier ministre est encore dans son lit, mais réveillé, lorsqu'il reçoit l'appel de l'Américain. En réalité, Rabin est déjà informé de la venue d'Arafat par l'ambassade d'Israël à Washington. Il répond, à la fois laconique et ironique, au secrétaire d'État : « S'il vient et si vous m'invitez, je n'ai pas d'autre alternative que de venir aussi. »

Il confiera peu après à un proche : « Je n'avais pas le choix ! »

Le chef du gouvernement israélien sait qu'il a trop besoin du soutien des Américains. Tout comme Arafat. Le président de l'OLP vit dans la hantise d'être lâché par les États-Unis. Il sait que les responsables américains, notamment au Département d'État, éprouvent une profonde suspicion envers lui.

En 1988, pour justifier son refus de lui octroyer un

visa, Washington avait évoqué la responsabilité d'un proche d'Arafat dans l'attentat commis en 1986 contre un avion de la TWA. L'homme incriminé, le colonel Hawari, appartenait à la force 17 et aux services de renseignements du Fatah. Mais l'accusation n'avait jamais pu être étayée. « Nous sommes un peuple occupé, avait répliqué Arafat au diplomate américain venu lui notifier ce refus. Est-ce que ceci ne nous donne pas le droit de résister ? Chez vous, George Washington n'a-t-il pas combattu les Anglais ? Était-il un terroriste ? »

Ce 11 septembre, un des opposants, au sein du Fatah, à la politique du chef de l'OLP déclare : « Cet accord sera pour Arafat, sa victoire suprême ou son tombeau. »

En Israël aussi, les critiques se déchaînent, notamment dans la presse, à la perspective de cette rencontre entre Rabin et le leader palestinien. Dans l'opinion, il s'agit d'un véritable séisme psychologique, parfaitement résumé par l'éditorial d'un quotidien israélien : « Depuis trente ans, Arafat incarnait pour nous le diable en personne. Rafaël Eytan, quand il était chef de l'armée, en 1982, parlait des combattant de l'OLP comme de véritables “ cafards drogués ”. Ariel Sharon, son ministre de l'époque, qualifia Arafat de “ créature bizarre avec des poils partout sur le visage ”. Même si beaucoup d'entre nous faisaient la part de la propagande, nous avons été élevés avec ces images-là. Il fallait déjà laisser un peu de temps à l'opinion pour digérer la reconnaissance de l'OLP. Voici que les choses s'emballent et que le gouvernement donne l'impression de ne plus contrôler le mouvement. C'est grave. »

Le *Jerusalem Post* prédit que « ce sera un spectacle obscène. »

Pour l'instant, l'homme le plus choqué de tout Israël est Shimon Pérès. Le ministre des Affaires étrangères avait déjà bouclé sa valise, prêt à partir pour Washington. Il considérait que la cérémonie qui allait se dérouler à la Maison-Blanche serait, pour lui, une véritable « apothéose politique ».

Un flash de la radio israélienne brise son rêve. L'information annonce que le Premier ministre a décidé de conduire en personne la délégation israélienne. Pérès est effondré. Rabin n'a même pas pris la peine de le prévenir.

Puis il entre dans une véritable rage. Il décide de ne pas faire partie du voyage et demande à ses collaborateurs ainsi qu'aux personnalités qu'il avait invitées, d'agir de même. Pourtant, le dimanche 12, peu après 18 heures, il gravira, derrière Rabin, la passerelle de l'avion prêt à s'envoler pour la capitale américaine.

Les journalistes à bord de l'appareil sont immédiatement frappés par une double absence. Ils s'approchent de Pérès :

– Où sont Yaïr Hirschfeld et Ron Pundik ?

Le ministre leur répond d'un ton détaché :

– Dans leurs contacts avec les Palestiniens, ils n'ont pas emprunté un canal légal. Vous comprendrez, ajoute-t-il avec un cynisme effrayant, que quand survient un accouchement il n'est pas indispensable d'inviter tout le personnel de l'hôpital.

Les deux « fous de la paix », ceux par qui l'événement est survenu, ont été proprement rayés des mémoires officielles. Hirschfeld et Pundik s'expriment sans aucune amertume. Seulement quelque peu étonnés de tant de désinvolture. « On ne nous connaît plus, confiera Pundik. C'est difficile pour tous ces gens de dire que nous n'existons pas, mais peut-être certains étaient-ils mécontents que les choses n'aient pas été accomplies par eux. »

Hirschfeld et Pundik se rendront à Washington en

empruntant un vol régulier : « Nous avons appris assez tôt, dira Hirschfeld, que nous n'étions pas invités, qu'il n'y avait pas de place dans l'avion officiel pur nous. Mais, ajoute-t-il, le regard malicieux, nous avons pu assister à la cérémonie. D'ailleurs nous étions très bien placés. »

Le 11 septembre, en plein jogging à Houston, Bill Clinton annonce aux journalistes la venue d'Arafat et de Rabin. Vêtu d'un short noir et d'une casquette de la même couleur, il court par petites foulées, entouré d'une dizaine de personnes. Il esquisse un sourire devant les caméras pour annoncer : « Le Premier ministre Rabin et le président Arafat viendront signer lundi l'accord de paix. »

Le président américain a demandé à un certain nombre d'experts de haut niveau de lui rédiger des notes confidentielles sur les conséquences de cet événement. Zbigniew Brzezinski, l'ancien chef du Conseil national de sécurité sous Jimmy Carter, brosse un tableau positif. L'homme, visage aigu, pensée acérée, estime notamment que cet « accord résulte de la lassitude historique et d'un lent apprentissage des réalités. »

« Les Arabes ont compris qu'ils ne pourraient pas détruire Israël et gagner la paix. L'État hébreu, lui, a compris que son rêve d'un Grand Israël ne lui apporterait ni la sécurité, ni la paix.

Selon un autre spécialiste, « Arafat et Rabin vont libérer des forces qu'ils auront de grandes difficultés à contrôler, comme ce fut le cas pour Gorbatchev en URSS, dès 1985. »

Bill Clinton, lui, appréhende ce problème avec une étonnante candeur. Au terme de son jogging, il confie aux journalistes qui le suivent : « La beauté de ce moment est que chaque partie, d'une manière agréable, offre à l'autre la chance d'avoir une vie normale. »

Quelques minutes plus tard, il se laisse aller à quelques souvenirs : « Cet événement est également intéressant pour les chrétiens. C'est aussi notre terre sainte. Je n'oublierai jamais que la seule fois où je suis allé en Israël, c'était accompagné de mon pasteur. Celui-ci m'a confié, au retour, qu'il pensait qu'un jour je deviendrais président des États-Unis. J'avais à l'époque trente-quatre ans, et j'étais le plus jeune ex-gouverneur du pays. Je ne pensais vraiment pas qu'il savait de quoi il parlait. »

Le lendemain, rentré à la Maison-Blanche, Clinton a une longue séance de briefing avec des responsables de la CIA, du Département d'État et du Pentagone. L'objectif : évaluer les conséquences de l'accord.

Pour les responsables du dossier du Moyen-Orient à la CIA, « la mise en application doit être précise et rapide. Ceci conditionnera sa réussite. En effet, les négociations ont laissé de côté bien des questions cruciales. Tout dépendra également de l'argent qui pourra être investi dans ces territoires. Sans injection massive de capitaux, Gaza deviendra une nouvelle Somalie ».

Les experts du Département d'État ont dressé un tableau du monde arabe, pays par pays.

L'Arabie Saoudite n'a qu'un objectif : Jérusalem. La grande question est de savoir comment le régime saoudien réussira à concilier ses sentiments anti-Arafat et anti-OLP et l'aide à la nouvelle entité.

L'Égypte a été un précurseur mais une réconciliation israélo-arabe lui fera perdre son importance diplomatique en tant que seul régime capable de négocier avec les deux camps. Enfin, Le Caire s'inquiète déjà d'une éventuelle réduction de l'aide américaine (3 milliards de dollars par an) au profit de la nouvelle entité palestinienne.

En Irak, l'accord accentuera l'isolement de Bagdad qui avait établi un lien entre l'évacuation du Koweit et le règlement du conflit israélo-palestinien.

La Jordanie s'estime profondément fragilisée et

menacée par un éventuel projet de confédération avec la nouvelle entité palestinienne.

En Syrie, le combat entre le sionisme a toujours été la clé de l'action politique d'Assad. Il risque de connaître des difficultés croissantes avec le Liban qui pourrait chercher à se détacher de Damas et à se rapprocher d'Israël.

« Désormais, conclut le rapport, la coopération interarabe va devoir s'établir sur d'autres bases que la lutte contre Israël, qui jusqu'ici servait de justification aux régimes autoritaires. Les populations de ces pays vont manifester leurs aspirations à plus de démocratie et à des changement économiques profonds. A terme, ces régimes dictatoriaux, le plus souvent militaires, vont être contraints à des concessions importantes, sinon ils se retrouveront en difficulté. »

Cette conclusion était peut-être légèrement prématurée et excessivement optimiste. Amr Moussa, le ministre égyptien des Affaires étrangères, plus lucide, déclare : « Le Moyen-Orient est-il déjà entré dans une nouvelle ère ? Non, mais il va entrer dans une nouvelle ère. »

Le président américain, visage concentré, se montre extrêmement intéressé par un exposé sur les « incertitudes et les ambiguïtés de l'accord » qui, selon un expert « renvoie à plus tard les questions litigieuses ».

– Ainsi, le texte ne précise pas si l'évacuation militaire israélienne concerne seulement la ville de Jéricho ou également la région.

Il n'indique pas non plus à qui incombera le contrôle du pont Allenby, le point de passage entre Israël et la Jordanie.

De même, les cent cinquante mille habitants arabes de Jérusalem pourront participer à l'élection du futur Conseil palestinien, mais la ville demeure exclue de la zone d'autonomie, dont les limites exactes ne sont d'ailleurs pas connues. Enfin, les termes de l'accord ne s'appliquent pas aux colonies de peuplement juives, au nombre de cent cinquante et regroupant plus de cent mille personnes. Aucune clause ne prévoit leur démantèlement ou leur restitution. De même, rien n'est précisé quant au nombre de réfugiés palestiniens, ayant fui lors des guerres de 1948 et 1967, qui pourront regagner leur foyer.

Arafat a demandé à Rabin de pouvoir rentrer « en compagnie de cent mille réfugiés ». Le numéro un israélien a refusé.

A un moment, perplexe, le président américain demande : « Qu'arrivera-t-il si les Palestiniens d'Hamas montent une attaque terroriste en Israël et se replient ensuite à Gaza ? Les futures forces de polices palestiniennes pourront-elles intervenir, ou Israël décidera-t-il d'envoyer des troupes ? »

Le responsable de la CIA lève les bras au ciel en signe d'impuissance : « Monsieur le Président, personne ne le sait. Il existe mille scénarios plausibles comme celui-ci. »

Itzhak Rabin, de son côté, avait déclaré, exaspéré : « Ceux qui prétendent que la sécurité d'Israël est menacée par cet accord insultent l'armée. »

Mais certains experts militaires autour de lui estimaient que, sur « de nombreux points, en matière de sécurité, l'accord était vague, beaucoup trop vague. »

Au cours d'une réunion, un responsable de Shin Beit, le service de renseignements chargé de la sécurité intérieure, avait demandé au Premier ministre : « Si, une fois installé à Jéricho, Arafat décide brusquement un jour d'aller prier à Jérusalem, distant d'une quarantaine de kilomètres, comment pourrons-nous l'en empêcher ? »

Itzhak Rabin était convaincu de détenir un atout qui lui permettrait de posséder un coup d'avance sur tout ce que pourrait décider Arafat. Il s'agissait d'une taupe infiltrée depuis quatre ans par le Mossad, dans l'entourage du leader palestinien. L'homme se nommait Hassan Yassine et occupait le poste de numéro deux de l'ambassade de l'OLP à Tunis. Il était plus particulièrement chargé de la préparation des voyages et de la sécurité des personnalités de la Centrale palestinienne. Il avait eu accès aux conversations les plus secrètes entre Abou Mazen et ses négociateurs en Norvège, Abou Ala et Hassan Asfour en truffant le bureau de numéro deux de l'OLP de systèmes d'écoutes extrêmement sophistiqués. Ainsi, à plusieurs reprises, dans des phases critiques, les responsables israéliens n'ignoraient rien de la tactique qui serait adoptée par leurs interlocuteurs palestiniens. Mais Yassine serait neutralisé au mois de novembre 1993.

La cérémonie qui se déroula à Washington, le 13 septembre, fut le théâtre d'un affrontement en coulisses de dernière minute. A 5 heures du matin, le jour de la cérémonie, Yasser Arafat, la voix tendue, téléphone dans la chambre d'Ahmed Tibi.

– Viens immédiatement. Je ne peux pas signer.

Tibi se rua dans la suite présidentielle.

– Que se passe-t-il ?

– Écoute, je n'ai pas pu dormir de la nuit. J'ai lu et relu le texte de l'accord. Il y a encore quelque chose d'inacceptable. Il fait référence, en parlant de nous, à la « délégation palestinienne », je voudrais qu'on lui substitue la mention « OLP ».

A 6 h 15, Tibi appelle Shimon Pérès, installé à l'hôtel Mayflower. Le ministre fait venir Yoël Singer, qui est en train de se raser dans une chambre voisine.

La partie de bras de fer entre les deux délégations se prolonge une bonne partie de la matinée, chacun campant sur ses positions.

Vers 9 h 30, Tibi avertit Pérès qu'Arafat est prêt à rentrer immédiatement à Tunis si le terme OLP n'est pas inséré.

– Très bien, répond Pérès d'un ton froid. Vous partez à Tunis pendant que nous, nous partons à la Maison-Blanche.

A 10 heures, Pérès et Rabin sont informés qu'Arafat n'a pas demandé sa voiture ni son escorte pour se rendre à la cérémonie. A 10 h 31, Pérès déclare à Tibi : « Très bien, je suis prêt à autoriser le terme " délégation de l'OLP ". » Il ajoute : « Comme tous les textes sont déjà tapés et prêts, nous barrerons la formule litigieuse et nous écrirons OLP à la main. »

Tibi se précipite sur le téléphone et annonce à Arafat :

– Délégation de l'OLP vous convient ?

– Oui, mais êtes-vous sûr qu'ils sont totalement d'accord ?

– J'ai la parole de Pérès.

– Alors, répond Arafat, je vous envoie trois baisers. Deux pour vous et un pour Pérès.

A 10 h 45 Singer est informé par le Département d'État d'un « nouveau désaccord ». Dennis Ross lui annonce : « Nous ne sommes plus sûrs de ce qui a été précisément convenu. Une solution consisterait à barrer au stylo " délégation palestinienne " pour écrire à la place, de façon manuscrite, " délégation de l'OLP ". » Mais les Palestiniens refusent et exigent que la page déjà prête soit totalement remplacée par une autre page sur laquelle « OLP » sera imprimé et non manuscrit.

– Quelle est la différence ? demande Singer.

– Vous devez signer les premiers, répond Ross. Donc Pérès rayera l'expression imprimée « délégation palestinienne » pour la remplacer à la main par « OLP ». Mais les Palestiniens redoutent que vous puissiez déclarer par la suite que cela ne vous lie pas.

La cérémonie doit débuter dans cinq minutes, Singer fait retaper la page incriminée en quatre exemplaires. Il parvient à pénétrer à la Maison-Blanche, passe devant la pelouse où sont déjà assis tous les invités. Un garde l'escorte à proximité de la pièce où attendent les délégations. Il ne reste plus que deux minutes avant 11 heures. Il demande à un collaborateur de Clinton :

– Pouvez-vous demander au ministre Shimon Pérès de sortir ? C'est très urgent.

Le ministre s'approche :

– Qu'y a-t-il encore ?

Singer lui expose le problème.

– Je suis d'accord pour changer les pages, répond Pérès, mais je dois en parler à Rabin.

Le Premier ministre donne son feu vert et Singer se rue à la tribune où il tente de défaire les reliures des quatre documents qui doivent être signés, pour y insérer les nouvelles pages. N'y arrivant pas, il les attachera avec des trombones.

La cérémonie commencera avec dix minutes de retard.

Celle-ci terminée, Rabin et Pérès reprirent immédiatement l'avion pour regagner Israël. L'appareil avait à peine décollé de la base d'Andrews, à proximité de Washington, qu'un message était envoyé de l'appareil, au palais royal à Rabat. Les responsables israéliens proposaient à Hassan II de faire une brève escale au Maroc pour « le saluer et le remercier de tout ses efforts. »

Deux heures plus tard la réponse parvenait, nette et laconique : « Vous êtes les bienvenus. »

Le Boeing surmonté de l'étoile de David se posa sur l'aéroport de Rabat et gagna le palais de Skhirat, en bord de mer, où séjournait le souverain. Celui-ci souhaita en hébreu « bonne année » à la population israélienne devant les caméras de la télévision. Rabin et Pérès lui expliquèrent ensuite les détails de l'accord, ce qu'ils en attendaient. A un moment, Rabin se pencha vers le souverain :

– Majesté, vous qui connaissez bien Arafat, pourriez-vous lui demander de se mettre maintenant au travail très rapidement ?

– Je vous le promets, répondit le roi.

Le soir même il rencontrait Abou Mazen, le numéro deux de la Centrale, auquel il déclara :

– Je voudrais que tu dises à Arafat et à tout le comité exécutif de l'OLP que je n'ai jamais rencontré deux hommes aussi anxieux de réussir que Rabin et Pérès.

Le 15 septembre, Bill Clinton téléphona à nouveau à Hafez El-Assad. Les rapports de la CIA et de la DIA, les services de renseignements de l'armée, parvenus sur le bureau du Président, indiquaient tous que Damas se préparait à « réactiver » les organisations palestiniennes hostiles à l'accord, et installées en Syrie. Assad redoutait que le *deal* conclu avec les Palestiniens n'incite désormais Israël à adopter une position dure envers Damas. D'autant que la Syrie exigeait un accord global sur la question du plateau du Golan et non une solution par étapes qui avait fait le succès de la négociation avec l'OLP. En plus, Rabin considérait qu'un accord avec la Syrie était délicat à vendre à son opinion.

« Notre problème, confia le Premier ministre israélien à ses conseillers, est d'envoyer maintenant un signal à Assad montrant que nous ne l'avons pas oublié, sans aboutir pourtant à un accord public immédiat avec lui. »

Bill Clinton, dans son entretien avec le chef de l'État syrien se montra extrêmement ferme.

« Vous devez, monsieur le Président, serrer les rênes de ces organisations qui attaquent l'accord de paix. »

Au fil des semaines, l'euphorie retombée, la mise en application de l'accord se révéla beaucoup plus délicate que prévu. Israël et l'OLP, c'est vrai, avaient brisé des générations entières de tabous et l'on pouvait penser que chaque partie, désormais, avait intérêt au succès de l'autre.

Pourtant, du côté de l'OLP, les choses avançaient avec une lenteur parfois exaspérante. Arafat se montrait plus crispé que jamais sur son pouvoir et ceux qui tentèrent, en décembre 1993, de démocratiser la direction de la Centrale essuyèrent un échec. Arafat, selon un de ses proches, « verrouillait ». En outre, son organisation paraissait singulièrement mal préparée à prendre les rênes d'une future administration. Elle se composait d'une armée de bureaucrates, plongés pendant des décennies dans l'irréalisme et occupés à ouvrir des ambassades à travers le monde.

De plus, certains responsables palestiniens de Gaza avaient tenu, au lendemain de la signature de l'agrément, un étrange langage à leurs troupes : « Cet accord n'est qu'un premier pas pour pousser les Juifs à la mer. Nous avons accepté cet accord pour mieux éliminer Israël. »

Itzhak Rabin, lui, au cours d'une réunion du cabinet, avait déclaré : « Nous ne sommes pas pressés, nous allons les laisser mariner. » Partisan de camper sur une position intransigeante, le Premier ministre n'en entrevoyait pas tous les dangers.

Même s'il ne concernait que cinq millions d'Israéliens, et deux millions de Palestiniens, l'événement survenu était aussi important que la chute du communisme : « C'est exactement, écrivit un commentateur, comme si Dieu avait voulu créer un monde nouveau. »

Mais des décennies d'affrontements avaient faussé les psychologies, et Ouri Savir résumait la nature exacte des difficultés : « Ce qui m'inquiète, estime-t-il, concernant l'avenir, c'est que la chose dont les Palestiniens ont le plus besoin, c'est qu'on satisfasse leur amour-propre. Or l'une des choses que nous savons le moins faire, c'est précisément flatter l'amour-propre d'autrui. Nous, durant les négociations, nous possédions une sorte de générosité qui se manifestait dans les choses pratiques : “Vous tenez à avoir une police, prenez donc mille policiers de plus. " Même Rabin est ainsi. Mais nous sommes très mauvais dans la flatterie. Nous n'arrivons pas à comprendre que ce dont nous avons besoin, ceux d'en face en ont autant besoin que nous. Ce fossé culturel ne rendra pas les choses faciles. »

20

LES PEUPLES DU LIVRE

L'expérience des négociations israélo-palestiniennes peut-elle servir d'enseignement pour régler d'autres conflits ? Les Norvégiens le croyaient, tout particulièrement Johan Jorgen Holst, avant de disparaître brusquement, victime d'une hémorragie cérébrale. Il invitera à Oslo les Serbes, les Croates, les Bosniaques. Puis les Britanniques et les Irlandais. Sans grand succès. C'est que chaque conflit est particulier, issu d'une histoire particulière.

Si l'idée de coucher par écrit les points sur lesquels les uns et les autres pourraient se mettre d'accord a permis aux Israéliens et aux Palestiniens d'oublier, ne serait-ce que le temps des négociations, les cent années de haine accumulée, c'est qu'il s'agissait de deux peuples issus de ce Proche-Orient où depuis des millénaires règne la loi du Livre. Loi auparavant gravée dans la pierre, puis transcrite sur les papyrus, parchemins et papiers, et qui était, nous le savons, si souvent transgressée.

TABLE

Cet ouvrage a été réalisé par la
SOCIÉTÉ NOUVELLE FIRMIN-DIDOT (Mesnil-sur-l'Estrée)
pour le compte de DES ÉDITIONS PLON/LAFFONT

Achevé d'imprimer en février 1994

Imprimé en France
Dépôt légal : février 1994
N° d'édition : 12399 – N° d'impression : 26304